# *Reflexões sobre*
# JESUS
# E SUAS LEIS

VOLUME 1

BEZERRA DE MENEZES

Pela sensitividade de Chico Periotto

# Reflexões sobre JESUS E SUAS LEIS

VOLUME 1

Edição comemorativa do Jubileu de Ouro (50 anos) da Proclamação da Religião de Deus, do Cristo e do Espírito Santo, feita por Alziro Zarur (1914-1979), em 7 de outubro de 1973, na cidade de Maringá/PR, Brasil.

1ª edição

ELEVAÇÃO

Produção editorial: *Equipe Elevação*
Revisão: *Equipe Elevação*
Impressão: *Mundial Gráfica*
Capa, projeto gráfico e diagramação: *Helen Winkler*
Imagem de capa: *Detalhe da obra Cristo cura os enfermos, na concepção de Gebhard Fugel (1863-1939)*
Fotos: *shutterstock.com*

A 1ª edição desta obra foi publicada em 1º de julho de 2023.

Depósito legal na Biblioteca Nacional conforme Decreto nº 1.825, de 20 de dezembro de 1907.

**Dados Internacionais de Catalogação na Publicação (CIP)**
**(Câmara Brasileira do Livro, SP, Brasil)**

M543r
Menezes, Bezerra (Espírito).

Reflexões sobre Jesus e Suas Leis / Dr. Bezerra de Menezes. Psicografado por Chico Periotto. 1. v. — São Paulo : Editora Elevação, 2023.
336 p. ; 14 x 21 cm

ISBN 978-65-89664-03-1

1. **Quarta Revelação**. 2. Jesus Cristo. 3. Espiritualidade. 4. Evangelho. 5. Apocalipse. 6. Leis Divinas. I. Periotto, Chico. II. Título

CDD-133.93

**Índices para catálogo sistemático:**

1. Mensagens mediúnicas psicografadas : Espiritismo 133.93


Rua Doraci, 2-A, sala 103 – Bom Retiro
São Paulo/SP – Brasil – CEP 01134-050
Tel.: (11) 5505-2579

# Sumário

# Tratado do Novo Mandamento de Jesus

**A Espiritualmente Revolucionária Ordem Suprema do Divino Mestre representa o diferencial da Religião de Deus, do Cristo e do Espírito Santo[1] e é a base de todas as suas ações de promoção espiritual, social e humana, pela força do Amor Fraterno, por Ele trazido ao mundo.**

Ensinou Jesus, o Cristo Ecumênico, o Divino Estadista: “13:34 *Novo Mandamento vos dou: amai-*
*-vos como Eu vos amei.* 13:35 *Somente assim podereis ser reconhecidos como meus discípulos, se tiverdes o mesmo Amor uns pelos outros.*

15:7 *Se permanecerdes em mim e as minhas palavras em vós permanecerem, pedi o que quiserdes, e vos será concedido.* 15:8 *A glória de meu Pai está em que deis muito fruto; e assim sereis meus discípulos.*

15:10 *Se guardardes os meus mandamentos, permanecereis no meu Amor; assim como tenho guardado os mandamentos de meu Pai e permaneço no Seu Amor.*

*15:11 Tenho-vos dito estas coisas a fim de que a minha alegria esteja em vós e a vossa alegria seja completa.*

*15:12 O meu Mandamento é este: que vos ameis como Eu vos tenho amado. 15:13 Não há maior Amor do que doar a própria vida pelos seus amigos. 15:14 E vós sereis meus amigos se fizerdes o que Eu vos mando. 15:17 E Eu vos mando isto: amai-vos como Eu vos amei.*

*15:15 Já não mais vos chamo servos, porque o servo não sabe o que faz o seu senhor; mas tenho-vos chamado amigos, porque tudo quanto aprendi com meu Pai vos tenho dado a conhecer.*

*15:16 Não fostes vós que me escolhestes; pelo contrário, fui Eu que vos escolhi e vos designei para que vades e deis bons frutos, de modo que o vosso fruto permaneça, a fim de que tudo quanto pedirdes ao Pai em meu nome Ele vos conceda.*

*15:17 E isto Eu vos mando: que vos ameis como Eu vos tenho amado. 15:9 Porquanto, da mesma forma como o Pai me ama, Eu também vos amo. Permanecei no meu Amor".*

*(Tratado do Novo Mandamento de Jesus[2], reunido por Paiva Netto, consoante o Santo Evangelho do Cristo de Deus, segundo João, 13:34 e 35; e 15:7, 8, 10 a 17 e 9.)*

[1] **Religião de Deus, do Cristo e do Espírito Santo** — Nesta e em outras obras literárias da **Academia Jesus, o Cristo Ecumênico, o Divino Estadista**, o leitor vai se deparar com as denominações Legião da Boa Vontade (LBV) e Religião de Deus, do Cristo e do Espírito Santo, criadas pelo saudoso Alziro Zarur (1914-1979), que se irmanam na lide *"por um Brasil melhor e por uma humanidade mais feliz"*. São elas duas instituições irrestritamente ecumênicas, unidas para atender, de forma integral, às carências fundamentais do ser humano e do seu Espírito Eterno, transformando-o sem paternalismos, a fim de que ele possa assumir na sociedade o seu papel de protagonista na solução dos problemas existentes. Agem assim para que a criatura humana se realize por meio dos poderosos ensinamentos do Espírito (Religião de Deus, do Cristo e do Espírito Santo) e da dinâmica ação de reforma humana e social (Legião da Boa Vontade), decorrência natural de nossa integração nos Preceitos Divinos. Disse Jesus: *"Buscai primeiramente o Reino de Deus e Sua Justiça, e todas as coisas materiais* [portanto, humanas e sociais] *vos serão acrescentadas"* (Evangelho, segundo Mateus, 6:33). Da convergência dessas ações — a espiritual e a humano-social — nasce a Política de Deus, para o Espírito Eterno do ser humano. A Religião de Deus, do Cristo e do Espírito Santo também é conhecida como Religião do Terceiro Milênio, Religião do Amor Universal e Religião Divina.

[2] **Tratado do Novo Mandamento de Jesus** — Pela força espiritual contida nessas palavras do Cristo de Deus, Paiva Netto fez constar a leitura desse Tratado na abertura de todos os programas da Super Rede Boa Vontade de Comunicação (rádio, TV e internet) e nas publicações, assim como nas reuniões públicas da Religião do Terceiro Milênio, atendendo também a um pedido dos Irmãos Espirituais na Revolução Mundial dos Espíritos de Luz, na Quarta Revelação, representados pelo Irmão Dr. Bezerra de Menezes (Espírito).

*Jesus — o Cristo de Deus, na concepção de Warner Sallman (1892-1968).*

# Apresentação da Academia Jesus, o Cristo Ecumênico, o Divino Estadista

**Reflexões sobre Jesus e Suas Leis** *reúne com exclusividade trechos de importantes mensagens do Espírito Dr. Adolfo Bezerra de Menezes Cavalcanti, trazidas por intermédio da mediunidade do sensitivo Cristão do Novo Mandamento Chico Periotto, a maior parte delas, no período de 1992 a 2003. Na ocasião em que este material começou a ser reunido, o Dr. Bezerra, Alma modesta por natureza, comentava:* "São apenas dissertações simples, sem a devida cadência que gostaria de realmente dar acerca de reflexões sobre o Cristo. São algumas lições dos trabalhos espirituais que realizamos. São pequenas palestras com pessoas simples, de bom coração".

*O lançamento desta obra literária é uma providência da Academia Jesus, o Cristo Ecumênico, o Divino Estadista, e do Centro Espiritual Universalista, o CEU, que integram a Religião de Deus, do Cristo e do*

*Espírito Santo, comandada por José de Paiva Netto, seu Presidente-Pregador. Esse trabalho faz parte da Revolução Mundial dos Espíritos de Luz — na Quarta Revelação (a Religião Divina)*[1] *— em plena marcha no mundo.*

*O Dr. Bezerra, que na Terra foi dedicado médico e influente político do Brasil-Império, tece comentários e reflexões sobre os mais diversos temas espirituais e humanos, sempre fundamentados nos ensinamentos do Santo Evangelho-Apocalipse de Jesus. Participa de diálogos informais no rádio, na TV,*

---

[1] **Revolução Mundial dos Espíritos de Luz, na Quarta Revelação** — Anunciada em 1953, por Alziro Zarur (1914-1979), abrange um amplo movimento de caráter ecumênico total, que promove o intercâmbio consciente entre as Duas Humanidades: a da Terra e a do Céu da Terra. A iniciativa ganhou corpo a partir da década de 1990, quando o escritor Paiva Netto, acrescentando ao título a expressão "de Luz", deu maior desenvoltura às reuniões práticas do Centro Espiritual Universalista (CEU), criando, em 6 de janeiro de 1992, o primeiro grupo efetivo de mediunidade direta da Religião do Amor Universal. Sob o comando de Paiva Netto, o Irmão Dr. Bezerra de Menezes coordena, no Mundo Espiritual, esse vanguardeiro trabalho. Em 3 de abril de 1993, esse bondoso clínico do Céu assim se expressou: *"A equipe médica da Medicina Divina está olhando a todos, não somente aqueles que estão dentro dos recintos das Igrejas Ecumênicas da Religião de Deus, do Cristo e do Espírito Santo, mas também a todos aqueles que não puderam se deslocar, por dificuldades físicas, orgânicas, materiais. Estamos com 50 mil médicos do Etéreo trabalhando, a todo vapor, para a libertação dos males físicos e espirituais do Brasil e do mundo".*

*de reuniões públicas e mesmo de entrevistas à imprensa brasileira, numa iniciativa do dirigente da Religião do Terceiro Milênio, que costuma afirmar:* **"Não se pode falar dos Espíritos escondendo os Espíritos"**.

*Muito do que vocês lerão aqui consiste em orientações desse nobre Amigo Espiritual manifestadas em encontros ocorridos na Igreja Familiar nº 1 da Religião Divina, residência da família Paiva Netto, que assim compartilha com todos um pouco do que ocorre durante esse intercâmbio com o Mundo Invisível, de modo que a convivência entre eles e os encarnados seja fraterna, natural e consciente.*

**Reflexões sobre Jesus e Suas Leis** *dedica-se ainda, em muitas de suas páginas, a mostrar a importância de nos portarmos no mundo físico de acordo com as Leis de Deus. Como assevera Paiva Netto:* **"O governo da Terra começa no Céu"**.

*Vocês terão à sua frente, a partir da perspectiva de quem vive e possui grandes responsabilidades no Outro Lado da Vida, palavras de profundo conforto, acompanhadas de valiosas instruções. Nada como vislumbrar o funcionamento do Mecanismo Divino que rege a Terra e o Universo!*

*A Espiritualidade Superior interage aqui com os encarnados de maneira flagrante, sem, contudo, ofender a crença ou descrença de quem quer que seja. É preciso apenas ter a mente aberta para novos campos do saber. Afinal, somos bilhões de criaturas humanas, cada uma com seu pensamento, sua atividade no mundo. Somos individualmente um universo à parte, mas ninguém detém sozinho o conhecimento de todas as coisas.*

*Se tivermos essa consciência libertária e ecumênica, proposta pela Religião do Terceiro Milênio, este livro poderá ampliar de tal forma nossa visão do todo, que seus efeitos serão percebidos de imediato, levando-nos a uma vida mais produtiva do ponto de vista espiritual, ético e humano.*

*Por intermédio destas páginas, os portais do Mundo Espiritual Superior estarão abertos para vocês. Estejam à vontade para adentrá-los.*

*Boa leitura!*

**Academia Jesus, o Cristo Ecumênico,**
**o Divino Estadista**[2]

---

[2] **Academia Jesus, o Cristo Ecumênico, o Divino Estadista** — Fundada por Paiva Netto em 1º de fevereiro de 2007, é composta pelo Instituto de Estudo, Pesquisa e Vivência do Novo Mandamento de Jesus e pelo Instituto de Estudo e Pesquisa da Ciência da Alma. *"Por meio da produção de conhecimento universal, isto é, divino e terreno, tem por objetivo dessectarizar a maneira como alguns veem o Cristo*

*de Deus e o Cristianismo, ou seja, mostrar a influência e a aplicabilidade das lições ecumênicas e eternas do Acadêmico Celeste em todos os campos do saber espiritual-humano, apresentando-O de forma irrefragável à humanidade — o que não se limita às fronteiras físicas"*, de acordo com a definição de seu Fundador.

DO AUTOR ESPIRITUAL

# À Juventude Ecumênica da Boa Vontade de Deus

**Academia Jesus, o Cristo Ecumênico, o Divino Estadista** — *O Dr. Adolfo Bezerra de Menezes Cavalcanti, digno autor dos ensinamentos extraordinários de* Reflexões sobre Jesus e Suas Leis, *em diversas oportunidades, dirigiu-se de maneira forte, afetuosa e acolhedora aos jovens, às crianças, cujo destino promissor dependerá sempre da observância das regras naturais da própria Vida. Por essa razão, o Fundador da Academia Jesus, o Cristo Ecumênico, o Divino Estadista, José de Paiva Netto, Presidente-Pregador da Religião de Deus, do Cristo e do Espírito Santo, aprovou, com satisfação, que o lançamento do primeiro tomo da presente obra se desse, justamente, quando se realizava a conclusão da 48ª edição do Fórum Internacional da Juventude Ecumênica da Boa Vontade de Deus. No ano de 2023, a data escolhida foi 1º de julho, com o tema "Desarmar os corações — Por uma Cultura de Boa Vontade e Paz, nascida em Jesus!"*

*Para abrir essa sua comunicação do Céu à Terra, o bondoso Médico dos Pobres nos chama a atenção para a imperiosa necessidade de estarmos plenos e sadios, à luz das Leis de Nosso Senhor Jesus Cristo, o Excelso Legislador da Humanidade:*

## Por uma existência sadia

### Deus Está Presente!

Jovens do Brasil e de todas as partes do mundo que se unem aos pés de Jesus e Suas Leis, na corrente universal do sentimento de Espiritualização das massas, acompanhem **as Vibrações Celestes, porque estas jamais deixarão vocês, frutos benditos, sem respostas**. Falanges que, de séculos em séculos, se refazem com renovação e amparo legítimos daqueles que constituem a Supremacia do Céu, Comando Maior de todas as nossas pequeninas vidas.

Causar a boa polêmica é o que desejamos. Não o conflito estéril. Viemos para sacudir os corações, as cabeças pensantes. Não devemos ter receio algum. Teremos as Bênçãos de Deus em tudo o que fizermos para propagar a mocidade sadia. Reagir aos males do mundo é uma glória perante as Leis de

Deus. Que nossos moços entendam isto: ser glorioso é ajudar a alertar os demais jovens quanto aos riscos iminentes de vícios, tais como cigarro, álcool, drogas, que acabam com a humanidade todos os dias.

Quem quer só agradar não está a serviço de Deus. A Ordem do Cristo é: *"Seja o vosso falar: sim, quando é sim; não, quando é não. O que disso passar procede do maligno"* (Evangelho, segundo Mateus, 5:37).

Ser educado, sim, mas jamais deixar de dizer a verdade, principalmente aos jovens, às crianças. Eles são a argila que precisa ser moldada com a libertação de seus Espíritos, pois a garra da treva, ou seja, dos equívocos, é afiada e vem para tentar ainda mais conduzir jovens à perdição. É essa a grande realidade.

Os arroubos de muitos hoje, amanhã, quando estiverem sofrendo, os levarão a sentir que erraram, que deviam ter ouvido aqueles que queriam orientar, dar saúde, dar paz à Alma, felicidade ao Espírito.

Não se consegue a perfeita combinação dos elementos vitais sem a condução de uma vida sadia, porque o corpo, vaso físico, pertence a Deus, não pertence àquele que está encarnado. O inviolável vaso físico, perante o Cristo, é uma espécie de cofre, que guarda, portentoso, o símbolo da unidade. Nada exprime melhor a presença de Deus e do Espírito do que o vaso físico. Por ele, foi permitida a reencarnação. **Quando tratamos mal esse tabernáculo, de certa forma, mesmo sem o saber, começamos a violação da Lei de Deus.**

## Fugir dos vícios

Saibam que, na Pátria da Verdade, **não nos descuidamos das lutas em que todos estão envolvidos no mundo**. Mas queremos ainda **maior afinação** dos seres terrestres com seus Anjos da Guarda. Não deixem vícios humanos atingir **seus Espíritos nem suas famílias**, principalmente esses vícios fartamente divulgados nas mídias. Desde um simples cigarro, aparentemente inofensivo, às drogas, às bebidas alcoólicas. **Blindem, blindem suas Almas.** O corpo, **o vaso físico** que todos recebem na encarnação presente, **é instrumento de Deus emprestado**, inclusive os órgãos genitais, pois procriam, interagem a energia dos seres humanos para a evolução, a continuidade na Terra.

Salvá-los é **ajudá-los a lembrar desses itens** que são, aqui do nosso Lado, parte de nossa agenda no Espírito.

Levamos às regiões diversas, principalmente àquelas próximas da Terra, nos umbrais e no baixo céu, lições necessárias aos que desencarnam intempestivamente e que estão sofrendo, inclusive em lamaçais, e não podem sequer dialogar, apenas ouvir, tentando se expressar por murmúrios, gritos e aflições. Pois saibam que os que ingerem álcool, tragicamente, são esses amanhã a tentar sair do lodo. E nossas mãos do Mundo Espiritual não podem chegar próximas demais, não estamos autorizados. E quantas vezes pedimos a Caridade maior, uma ajuda mais efetiva, e recebemos a resposta de que o umbral[1] é a grande Caridade para esses Irmãos! **De que forma podemos evitar na Terra gravíssimas e tamanhas consequências futuras?** Meus Irmãos, as cartilhas que nos levam à vitória já estão apresentadas. Hoje todos as conhecem.

---

[1] **Umbral** — Em seu livro *A Missão dos Setenta e o "lobo invisível"* (2018), escreveu o Irmão Paiva Netto: *"Segundo nos relata o Espírito André Luiz, em* Ação e Reação, *'situado entre a Terra e o Céu,* [o Umbral] *é dolorosa região de sombras, erguida e cultivada pela mente humana, em geral rebelde e ociosa, desvairada e enfermiça'. É onde o Espírito, pelo sofrimento provocado por ele mesmo, revê os erros que praticou e se prepara para novas oportunidades de crescimento espiritual.* ***A existência do Umbral é mais generosa do que a ideia do inferno eterno, porque aquele propicia nova oportunidade ao infrator; este, não.*** *O nobre Irmão Dr. Bezerra de Menezes faz sempre questão de salientar: 'Umbral também é Caridade'".*

## Livros que nos guiam pela Eternidade

Discorremos justamente sobre a Bíblia Sagrada. E estudamos também a Literatura da Boa Vontade, que amplia a Revelação Espiritual com as Hostes Celestes da Quarta e Bendita Fase de uma Revelação ainda mais ampla, com livros que podem guiar a todos por toda parte, por todo canto, por toda a Eternidade. Os povos precisam ter, na Terra, fecundo esclarecimento sobre a Eternidade. Não pensem que a autossuficiência do aprendizado humano conduz a caminhos grandiosos no Mundo Espiritual. Inteligência na Terra, quando estéril, sem bons frutos, acaba levando à destruição no Etéreo, pois o Espírito poderá encontrar-se perdido, vagando, como muitas Almas, hoje arrependidas por não terem guardado os conhecimentos espirituais adquiridos nem terem se colocado na prática do Bem enquanto tinham a oportunidade em vida material.

## Os Batedores Celestes estão sempre à frente

Minha saudação a vocês é ressaltar que os Anjos da Guarda estão ao lado, próximos, vigorosos, revitalizados pelo espírito da operância superior. Tê-los, abraçá-los e dar-lhes as mãos, isso depende apenas de cada um de vocês. A vida, o livre-arbítrio e as consequências, tudo isso Deus permite ao Espírito. E assim é a evolução, e assim é o que irá acontecer, pois *"a cada um de acordo com as próprias obras"*, ensinou Jesus, em Seu Santo Evangelho, segundo Mateus, 16:27.

Observamos o espírito de unidade entre todos e dizemos que se esforcem ainda mais nos corredores das soluções, porque os Batedores Celestes sempre prosseguem na frente, abrindo caminho. Portanto, sejam aqueles *kamikazes* espirituais contidos no bom senso, na racionalidade que exige o trabalho diário, mas sempre conectados por antenas invisíveis aos Anjos Guardiães, queridíssimos Irmãos e Irmãs, e a todos nós aqui do Mundo da Verdade presentes, pois estão postas as ligações dos Mundos Superiores.

## Não acreditem em impossíveis!

Creiam na força do trabalho. Creiam! Adentrem este mundo glorioso da personificação do serviço ligado aos Páramos Celestiais. Assim, as próprias conversações serão sempre iluminadas, jamais ficando em distrações fúteis que atraem espíritos desencarnados que nada têm a ver com o ambiente em que vivemos e lutamos.

## A missão exponencial

Tudo passa, com a força da Boa Vontade na Alma e com a boa ação permanente. São os meus votos renovados a todos, que também representam fluidos que descem a vocês, colaboradores de nossa querida Religião do Amor Universal, na grande missão que ela possui. Que missão exponencial é a de germinar a Quarta Revelação[2] na Alma dos povos! Meus Irmãos, nem vocês conhecem as dimensões do que é esse trabalho. Sintam-no, lá no fundo de suas Almas. Por isso, reguem, peguem aquele regador imaginário e alimentem, com todo o vigor, as atividades, cujo símbolo chama-se unidade. **A unidade caracteriza o grupo e a vitória de Jesus.**

Dentro de todas as dificuldades, **o Sol continua a brilhar**. A tudo venceremos nesse espírito. E **fa-**

---

[2] **Quarta Revelação — A Religião de Deus, do Cristo e do Espírito Santo** — Proclamada por Alziro Zarur (1914-1979). Saiba mais sobre o tema lendo o primeiro volume das *Sagradas Diretrizes Espirituais da Religião de Deus, do Cristo e do Espírito Santo* (1987), página 87, de Paiva Netto.

**zemos questão de que todos estejam blindados por ações disciplinares rígidas, perfeitamente exemplares**, porque todos devem sempre dar o bom exemplo. Como diz nosso Irmão Maior Paiva Netto: *"Vivamos sob a iluminação desse Sol da Caridade, Jesus, e resistiremos a tudo.* ***Ele é o segredo de nossa sobrevivência!****"*

Posso dizer a vocês, queridíssimos Irmãos, que a Falange que sustenta esta Casa de Deus e **nosso Irmão Maior** é a Falange Poderosa da Espiritualidade Superior. **Chamo-o assim porque, na Hierarquia Divina**, aprendemos que **devemos respeitar os mais velhos espiritualmente**.

## Juramento da responsabilidade espiritual

É hora do juramento, o juramento do coração, maior que todas as palavras, porque palavras o vento leva. É hora do juramento do trabalho, o juramento da responsabilidade espiritual. Os Espíritos apostam no cumprimento de todas as fases do Ideal da Boa Vontade, cujo fundamento maior na fase excelsa é a aplicação da Religião de Deus, do Cristo e do Espírito Santo nos corações.

Todos são fortes, capazes de multiplicar as ações especiais dos objetivos da Alma liberta das algemas da hipocrisia e do temor.

Marchemos! Marchemos! Marchemos!

Jesus aguarda Seus filhos, com seus Espíritos Eternos, a concentrar o Poder Espiritual Maior, na condução de dias melhores às Almas de brasileiros e estrangeiros de Boa Vontade.

## Obediência às Leis do Universo

Protejam-se sempre contra as vibrações sedutoras do mundo, caros jovens. Suas vidas pela frente são brilhantes. É grande a responsabilidade de todos. Jamais percam a oportunidade: eis o lema a ser sempre lembrado em todos os momentos por vocês.

No Mundo Espiritual, o que mais precisamos é de Espíritos (da Terra e do Céu) que perseverem neste ideal que nos congraça. Não persistir na Seara do Bem é perder a oportunidade. Para os Seareiros da Boa Vontade, **sem Jesus e Suas Leis a vida é uma incapacidade plena**. No Serviço de Deus, que palavra importante: **oportunidade**! Não pode ser perdida, porque é o tempo que não volta. Se os seres humanos entendessem isso, compreenderiam tudo muito melhor.

**As Leis do Universo são cumpridas com obediência, até mesmo por Quem as criou: o Pai Celestial.**

## Sentinelas da Solidariedade Ecumênica

Jovens do Brasil e do mundo, jovens apocalípticos, ecumênicos, a missão de reunir e propagar as ideias e as mensagens universais, tão bem expressas pela Literatura da Boa Vontade, ressurge na oportunidade que Deus dá a todos vocês, **sentinelas da Solidariedade Ecumênica**.

Seus talentos serão despertados, bem como as missões recebidas ainda no Mundo da Verdade, muito antes de na Terra existirem. É a Agenda Espiritual a ser cumprida.

Mocidade de Fé Realizante, sinta com o bom orgulho — na vivência de seus caminhos, apenas no início percorridos — que **tudo à frente está por ser conquistado para Deus**.

**Viva Jesus para sempre em nossos corações!**

*Adolfo Bezerra de Menezes Cavalcanti*

# Qualidades dos servidores de Jesus

Recentemente, em questionamento de vários Irmãos instrutores do Plano Espiritual, partiu a solicitação de que respondêssemos a uma pergunta frequente nos círculos de trabalhos das diversas cidades do Mundo da Verdade: **"Quem são os verdadeiros servidores de Jesus?"**

Ora, não temos muitas dificuldades para identificá-los. Entretanto, é oportuno relacionarmos algumas peculiaridades que os representam muito bem.

Em primeiro lugar, **o dedicado servidor de Jesus** é fidelíssimo aos ensinamentos do Divino Mestre, constantes do Seu Evangelho e do Seu Apocalipse, entendidos em Espírito e Verdade e tendo como regra máxima o Seu Novo Mandamento de Amor ("*amai-vos como Eu vos amei*" — Boa Nova do Cristo, segundo João, 13:34), como exalta nossa querida Religião do Terceiro Milênio.

**O servidor de Jesus** está sempre pronto, não precisa conhecer dia, mês ou ano, muito menos a hora de se apresentar ao apostolado da Caridade Completa[1]: Material e Espiritual.

**O servidor de Jesus** sabe que o Mundo Espiritual estará com ele nos momentos de alegria e de sofrimento mais profundo. Portanto, não conhecerá desestímulo capaz de impedir-lhe o gesto da generosidade de servir.

**O servidor do Cristo** é altamente fraterno e disciplinado em todos os seus atos e sentimentos com o coletivo. É paciente, perseverante, mas imensamente objetivo em seu ideal de auxiliar os seres espirituais e humanos.

**O verdadeiro servidor do Cristo** não reclama, ele coopera na solução dos mais aparentes e difíceis obstáculos na lide diária. Trabalha incessantemente em seu corpo material e ao repousar com o Espírito liberto, sempre nos dois turnos. Por isso, é considerado servidor integral do Divino Amigo.

---

1 **Caridade Completa** — Material e Espiritual. Conceito de vanguarda de Alziro Zarur (1914-1979), saudoso Proclamador da Religião Divina, amplamente divulgado e desenvolvido por Paiva Netto. Leia mais sobre o assunto no primeiro volume das *Sagradas Diretrizes Espirituais da Religião de Deus, do Cristo e do Espírito Santo* (1987), no capítulo "Quanto à Caridade Completa".

**O servidor do Mestre** transmite a harmonia em seu meio, não permite a discórdia e colabora para a perfeita união. Não tem medo de nada, pois sabe que estará sempre fortalecido por aqueles que resguardam seu caminho no Mundo Espiritual e material. É abnegado por natureza. Possui iniciativa, garra, determinação, por consequência não é surpreendido.

**O servidor do Amigo Celeste** encontra-se em todas as faixas etárias, desde uma criança até nos cabelos mais brancos da experiência.

Meus Irmãos, lembrem-se igualmente de que **todos vocês possuem servidores do Cristo atentos, em forma de Anjos Guardiães**, esperando a oportunidade sublime da intervenção em seus pensamentos, em suas falas e em suas ações.

Ao proferir a Sintonia Tríplice[2], o querido Irmão André Luiz trouxe-nos o tripé da vitória. Preparem-se e sintam a presença da Humanidade Superior. **Jesus, o Maior dos Servidores**, realmente vive!

---

[2] **Sintonia Tríplice** — Termo utilizado pelo Dr. André Luiz (Espírito) para designar *"o Bom Pensamento, a Boa Palavra e a Boa Ação"*. A Religião Divina denominou essa tríade como **Sintonia Tríplice com Jesus**. Aliás, Zarur instituiu, em seus Postulados Espirituais, *"As Sete Campanhas: Campanha do Bom Pensamento, Campanha da Boa Palavra, Campanha da Boa Ação, Campanha da Boa Notícia, Campanha da Boa Diversão, Campanha da Boa Vizinhança e Campanha da Boa Vontade Mundial"*.

# Código do Cristão do Novo Mandamento de Jesus

O Cristão do Novo Mandamento de Jesus fortalece a Fé nos corações e aumenta o espírito de Religiosidade em todos.

O Cristão do Novo Mandamento doa o que tem de melhor em sua Alma em prol de seus Irmãos em humanidade, ofertando aos Espíritos de Deus o empenho preciso na realização da Agenda Espiritual[1].

Eis, portanto, o Código Primeiro dos Cristãos do Novo Mandamento, Amigos de Jesus, a sua identidade como Ser Espiritual: **Fé Realizante**[2]!

---

1 **Agenda Espiritual** — Leia mais sobre o assunto na obra *Conversando com seu Anjo da Guarda — A Agenda Espiritual* (2007), também da lavra do Irmão Dr. Bezerra de Menezes, pela sensitividade do Cristão do Novo Mandamento Chico Periotto. Adquira o seu exemplar pelo *site* www.ClubeCulturadePaz.com.br.

2 **Fé Realizante** — É aquela que se opõe à fé ociosa. Leia mais sobre esse pioneiro conceito no terceiro volume das *Sagradas Diretrizes Espirituais da Religião de Deus, do Cristo e do Espírito Santo* (1991), de autoria do escritor Paiva Netto, em especial o subtítulo "Não basta ter Fé se não for Fé Realizante".

# A importância da Saudação Legionária

Aos queridíssimos Amigos e Irmãos leitores, àqueles que, pelas diversas tecnologias, nos assistem, nos ouvem pela Mídia Legionária[1] e aos Espíritos de Deus nossa saudação:

**Deus Está Presente!**
**Viva Jesus, o Cristo Ecumênico, o Divino Estadista, que já vem, em nossos corações para sempre!**

---

[1] **Mídia Legionária** — O autor de *Reflexões sobre Jesus e Suas Leis* refere-se à Comunicação 100% Jesus. Desde a década de 1940, em plena Era de Ouro do Rádio no Brasil, o criador da Legião da Boa Vontade, Alziro Zarur (1914-1979), já utilizava esse meio de comunicação para transmitir mensagens fraternas e ecumênicas a milhões de ouvintes. Por iniciativa de Paiva Netto, hoje, além de estar presente nas ondas do rádio, a Religião Divina tem grande atividade na TV, em publicações e na internet, por meio da Super Rede Boa Vontade de Comunicação ou, como também ficou popularmente conhecida, da Comunicação 100% Jesus. São diversas mídias com a finalidade de propagar temas educativos, de valorização da Vida e da Espiritualidade Ecumênica, 24 horas no ar. Outras informações: www.BoaVontade.com.

Ao bradarmos a excelsa Saudação Legionária da Boa Vontade de Deus entoada pelos Cristãos do Novo Mandamento, atraímos a luminosidade das Falanges Benditas em torno de nossos pensamentos, de nossas vidas e de nossos destinos. Pensem que maravilhosa condição é a de saudarmos o Supremo do Universo: **Deus Está Presente!**

Para que serve, queridos Irmãos, a Proteção de Deus? Serve e nos serve diariamente. Com ela, podemos iluminar nossas existências, traduzindo dificuldades em estímulos a vitórias, **transformando as condições tenebrosas vislumbradas pelos parcos sentidos humanos na Aurora da Esperança**, no horizonte maior que nos aguarda.

# 1

# Jesus e a Lei

*Não penseis que vim revogar a Lei ou os Profetas; não vim para revogar, vim para cumprir. Porque em verdade, em verdade vos digo: até que o Céu e a Terra passem, nem um i ou um til jamais passará da Lei, até que tudo se cumpra.*
(Evangelho de Jesus, segundo Mateus, 5:17 e 18)

# O Cristo encarna em si mesmo a Lei

Jesus não tolera a crueldade, a perversidade, o mal nem toda a influência ruim entre os homens. Quando falo no Cristo, evidentemente refiro-me à Lei. **Jesus poderia ser considerado a Lei.** Uma única Lei. Seus regimentos, Suas normas, o suprassumo de Seus ditados maiores, representados e exemplificados apenas pela observância Dele mesmo, ou seja, o **cumprimento da Lei**. Fora dela advêm as desastrosas consequências. Aí nem o Cristo pode alterá-las. O que Lhe é permitido é aliviar, inspirar, mas não mudar aquilo que está sendo colhido pelas hostes do império do mal estabelecido no mundo[1]. Lembrem-se, porém, do que ensina

[1] <u>Nota da Academia Jesus, o Cristo Ecumênico, o Divino Estadista</u>
No capítulo "Ouvindo elucidações", constante do livro *Libertação*, André Luiz (Espírito), pela psicografia de Chico Xavier (1910-2002), fala-nos a respeito de uma expedição de aprendizado da qual participou, com destino a uma colônia espiritual nas regiões inferiores, onde pôde observar criaturas persistentes nas más ações recebendo penoso corretivo de espíritos igualmente perversos. Ou seja, a questão da afinidade existe também no Mundo Espiritual. Jesus e

nosso Irmão Maior Paiva Netto, em "A Decodificação do *Pai-Nosso*"[2]: ***"O aparente domínio do mal é efêmero. Só o Bem é eterno"***. Disse Jesus: *"A cada um de acordo com as suas próprias obras"* (Evangelho, segundo Mateus, 16:27).

Seus Emissários do Bem a tudo seguem acompanhando e controlando, mas, por respeitarem a Lei do Livre-Arbítrio, não podem retirar das Almas em falta a oportunidade de se corrigirem por seus próprios esforços. Chega uma hora, depois de muito sofrimento, que tanto o carrasco quanto o penitente, exaustos do círculo vicioso do erro em que se colocaram, passam a almejar a luz da Sabedoria, que vem do Amor de Deus.

[2] **A Decodificação do *Pai-Nosso*** — Leia esse profundo estudo de Paiva Netto no terceiro volume das *Sagradas Diretrizes Espirituais da Religião de Deus, do Cristo e do Espírito Santo* (1991). Para adquirir, acesse www.PaivaNetto.com/Livros.

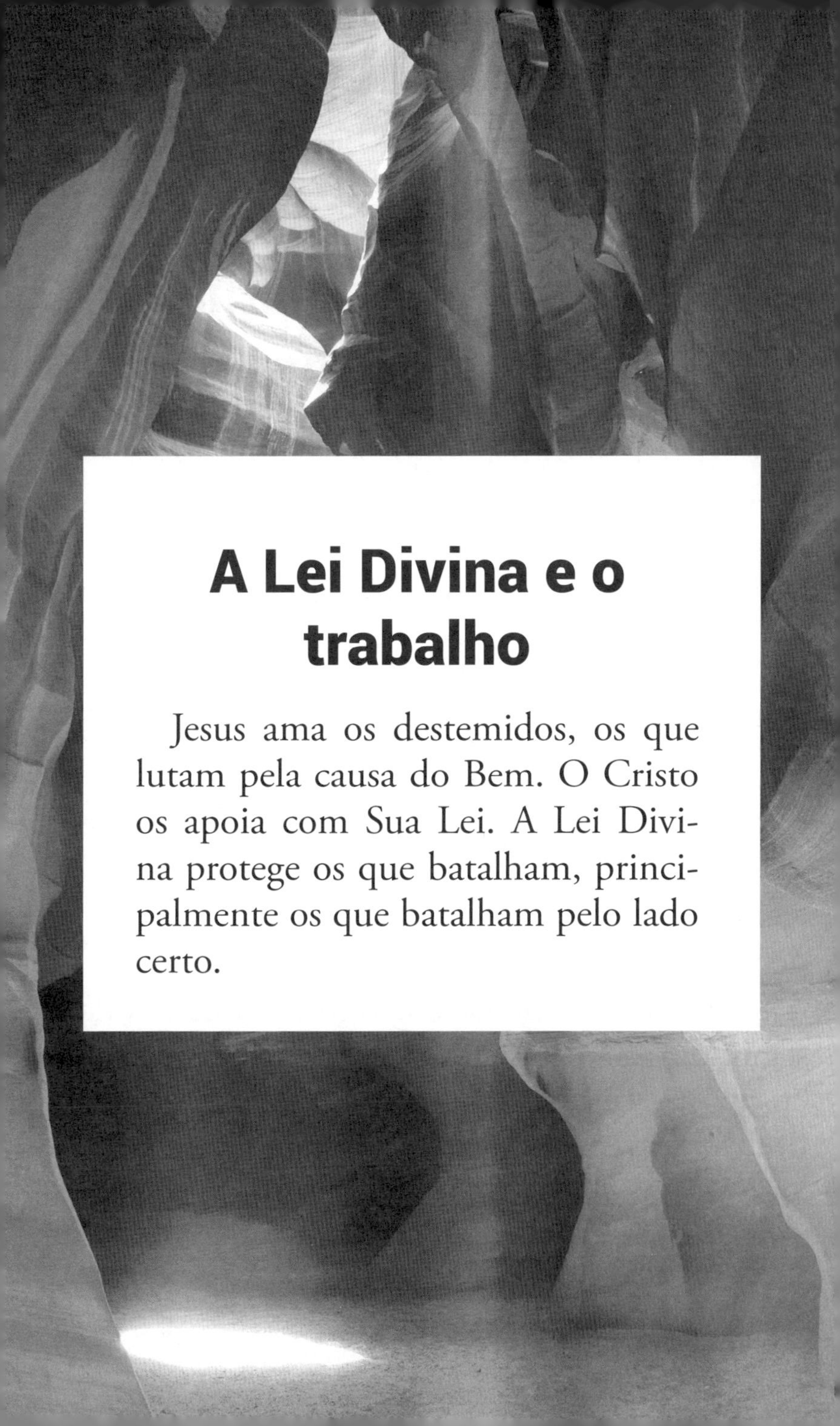

# A Lei Divina e o trabalho

Jesus ama os destemidos, os que lutam pela causa do Bem. O Cristo os apoia com Sua Lei. A Lei Divina protege os que batalham, principalmente os que batalham pelo lado certo.

# Trabalho — magia de nosso sucesso

Jesus tem muito tempo pela frente para corrigir os que infringem a Lei de Deus. A Lei Divina não se limita a cobrar o infrator numa única vida. O altamente poderoso ou a altamente poderosa — que usou mal a oportunidade concedida pelos Céus — retorna depois, em outra encarnação, em condições severas, capazes de fazê-lo (ou fazê-la) saldar as suas dívidas. Ninguém fica impune. O homem reverenciado por muitos pelos seus feitos materiais, mas que não agiu de acordo com os Preceitos Divinos, pode até mesmo voltar em estado de vida vegetativa.

Deus não tem pressa e não se precipita. Todavia, seguindo as Regras Divinas, o Cristo, labutando, ensina-nos que, **mesmo sob tempestade, o trabalho digno sempre será a magia de nosso sucesso**, a oportunidade de nossa redenção, de nos livrarmos de nosso passado delituoso.

## O Cristo governa

O Cristo é o Governador Maior do Planeta Terra e não foi empossado por qualquer poder humano. Ele se impõe por força de Seu Sublime Merecimento.

# Incalculável Paciência do Cristo

**O respeito à hierarquia é ponto inicial para a evolução de qualquer Espírito.** Por isso, combatemos a vaidade e a ambição mal direcionada. Poder somente para quem sabe utilizá-lo. Eis aí uma grande lição que os homens ainda não entenderam. Eles brincam, brincam... Mas, quando Jesus perde a Sua Incalculável Paciência, que ninguém fique no caminho.

# O fogo queima

É bom termos temor a Jesus. Mais que respeito, porque Ele não brinca com as coisas sérias. Se os seres humanos tivessem temor do Poder do Cristo, equacionariam os limites da responsabilidade, tão necessária para viver saudavelmente neste mundo. Saberiam então que o fogo queima.

## Real Poder constituído

Hosanas ao Criador, na antecipação da Volta Redentora do Mestre Amado Jesus, o Poder Verdadeiro constituído.

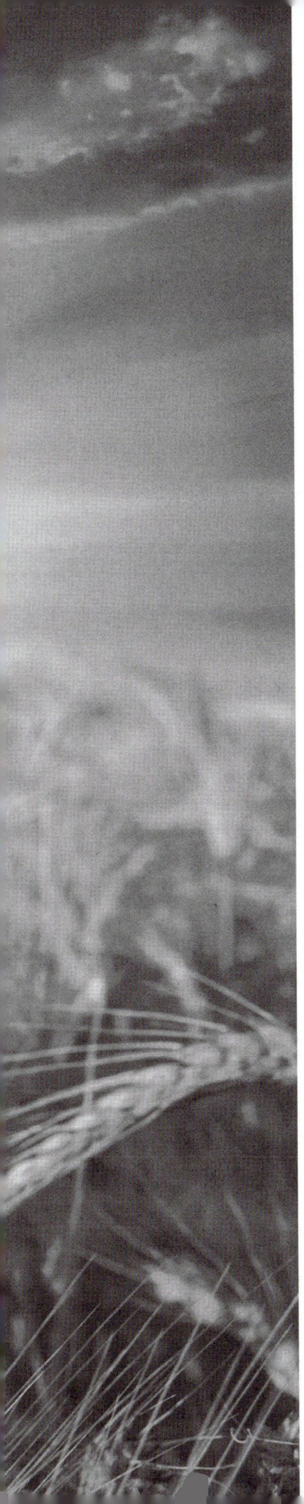

# Implacável Lei do Retorno

É impossível derrubar o Cristo, impossível! Quantos já tentaram! Mas a Lei do Retorno é implacável com Seus traidores: *"Mas ai daquele por quem o Filho de Deus é traído! Melhor não tivesse nascido"* (Evangelho, segundo Mateus, 26:24).

# Esteio da Solidariedade nas Almas

Respeitar o Cristo de Deus é emoldurar a humanidade com os Mandamentos Dele, principalmente o constante no capítulo 13, versículos 34 e 35, do relato de João Evangelista na Boa Nova: *"amai-vos uns aos outros como Eu vos amei. Somente assim sereis reconhecidos como meus discípulos"*.

Sejamos o esteio da Solidariedade nas Almas de toda a população que recebe a seriíssima e disciplinadora Mensagem da Boa Vontade Mundial.

Preencham os seus corações com a energia e a disposição multiplicadas por milhares e milhares de forças ocultas, mas reais, presentes em suas vidas. Trata-se do fortalecimento vindo dos Guias Espirituais que nos provam, nos desafiam ao crescimento e ao bom combate diante dos testes diários dentro do âmbito de nossas ações.

# A Caridade é forte

Não existe frouxidão na prática de nenhum tipo de Caridade, da forma tão simplista quanto os homens desejam classificar. A Caridade é sempre forte, combativa, justa, correta. Portanto, fortaleçam suas vidas e compreendam que as Motivações Divinas são as únicas necessárias para o entusiasmo da Caridade Bendita da Solidariedade Universal, da Confraternização dos Povos, enfim, da Iluminação Augusta do Universo afora.

# Saber viver é existir para o Cristo

Vivenciando a maior de nossas reencarnações dos últimos séculos e milênios, percebemos que a única vantagem de saber viver é existir para o Cristo! Nada além disso tem sentido para o ser humano liberto das algemas da ignorância.

# Estandarte Luminoso

Irmãos e Amigos Cristãos do Novo Mandamento, Legionários da Boa Vontade de Deus, mentalizem o Cristo e Sua Majestade. Visualizem um intenso Sol, multiplicado por milhares de vezes. Entretanto, o Sol Jesus, com Seu agradável calor, não gera jamais desconfortos de qualquer natureza. Sua emanação luminosa tranquiliza nossos pensamentos e nossos corpos e, ao mesmo tempo, amplifica o horizonte de nossos destinos.

À Sua volta, com o clarão aberto por Sua Divinal Aura, na Terra, percebemos quão imenso é Seu Lar, no Mundo Espiritual mais elevado.

Coloquemo-nos na posição de servidores, a suplicar sabedoria e elucidação completa sobre os caminhos que teremos diuturnamente de trilhar, levando a Bandeira da Religião de Deus, do Cristo e do Espírito Santo, Estandarte Luminoso que representa o Amor do Cristo pelos seres humanos que possuem Fé e Boas Obras.

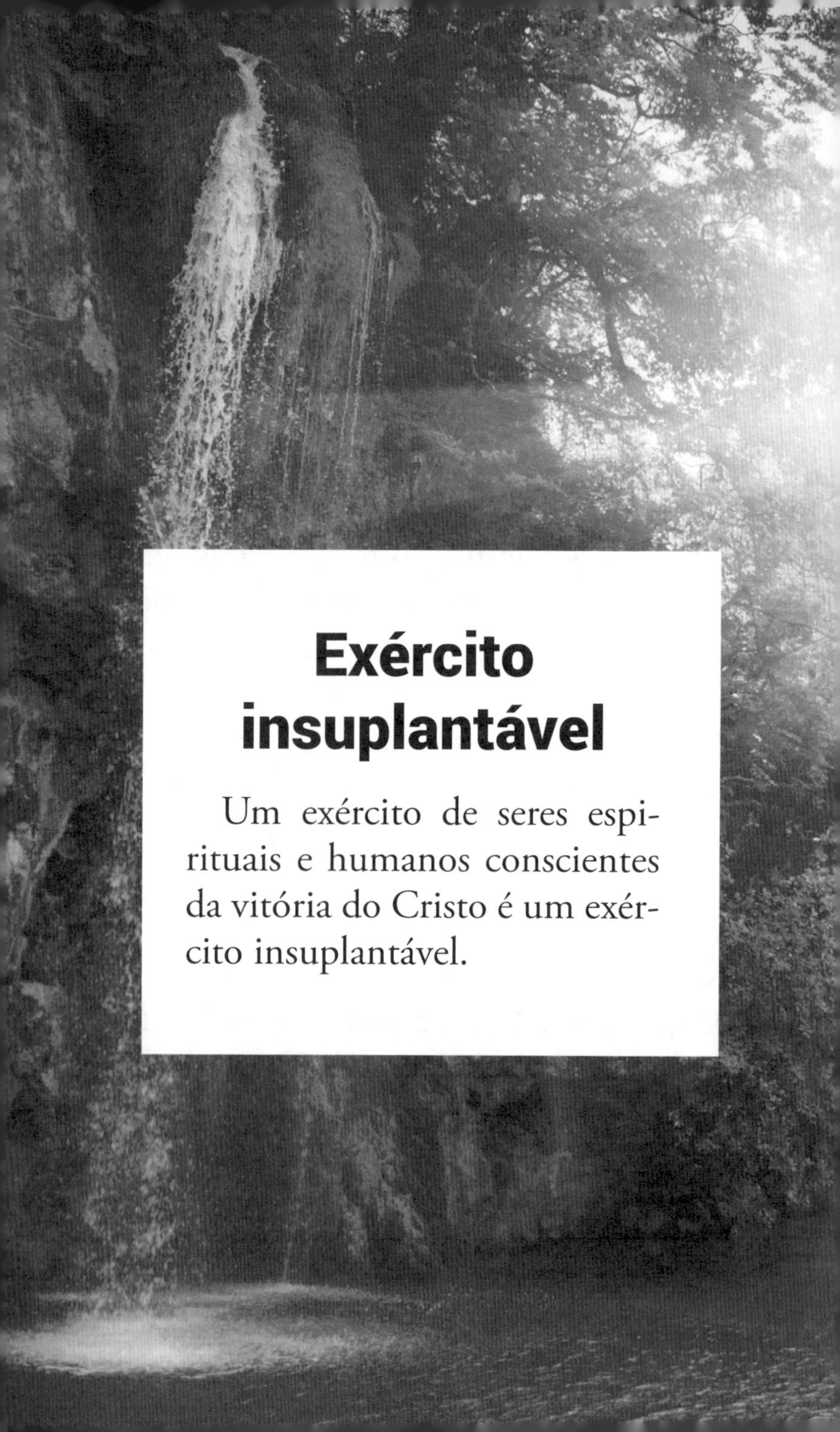

# Exército insuplantável

Um exército de seres espirituais e humanos conscientes da vitória do Cristo é um exército insuplantável.

## Rumo certo

Façamos com que nossa vida seja realmente voltada para o Cristo. Quando abandonamos o rumo traçado por Jesus, torna-se difícil nossa jornada no planeta Terra.

# Esteio seguro

Meus queridos Irmãos, pensemos em Jesus, lembremo-nos do Divino Mestre, hoje e sempre, na certeza de que Ele estará conosco, presente nos acontecimentos de nossas existências. Foi Ele Quem nos disse: *"Minha Paz vos deixo, minha Paz vos dou. Eu não vos dou a paz do mundo. Eu vos dou a Paz de Deus, que o mundo não vos pode dar. Não se turbe o vosso coração nem se arreceie. Porque Eu estarei convosco, todos os dias, até o fim do mundo!"* (Evangelho, segundo João, 14:27; e Mateus, 28:20).

# Cuidado com os detalhes

Jesus se entristece com pessoas que não se apercebem do mínimo, dos detalhes, por que como entenderão o muito? Como, meus Irmãos? Lembremo-nos de Sua advertência: *"Quem é fiel no pouco também é fiel no muito; e quem é injusto no pouco também é injusto no muito"* (Evangelho de Jesus, segundo Lucas, 16:10).

# Tribunal Divino instalado na Terra

Com o advento do Parlamento Mundial da Fraternidade Ecumênica[3], inaugurado em Brasília/DF, no Natal de Jesus, dia 25 de dezembro de 1994, as ordens e as realizações dos trabalhos espirituais tomaram uma conotação ampliada. É um marco tão importante que é inevitável que vocês notem que o tempo humano parou. Entramos em outra forma de contagem de tempo no relógio espiritual.

[3] Nota da Academia Jesus, o Cristo Ecumênico, o Divino Estadista

**Parlamento Mundial da Fraternidade Ecumênica da Legião da Boa Vontade, o ParlaMundi da LBV** — Inaugurado por Paiva Netto em 25 de dezembro de 1994, tem por finalidade servir de fórum irrestritamente ecumênico para o entendimento definitivo entre os povos da Terra — tratando de todas as questões fundamentais da vida, sejam elas de ordem espiritual, social ou humana. Quando abriu suas portas no Natal de Jesus, uma multidão de mais de 100 mil pessoas lotou a praça defronte ao Conjunto Ecumênico da LBV (formado pelo Templo da Boa Vontade, sede administrativa e ParlaMundi), em Brasília/DF, Brasil. Sua avançadíssima missão é, no dizer de seu Fundador: *"promover a conciliação universal de todo o conhecimento espiritual e humano, numa poderosa força a serviço dos povos. Cizânia, radicalismos, hostilidades de todos os matizes devem permanecer afastados dos debates e das proposições religiosas, filosóficas, políticas, científicas, econômicas, artísticas, esportivas, o que mais o seja, pois o ser humano nasce na Terra para viver em sociedade, Sociedade Solidária Altruística Ecumênica"*.

*Na foto, da esquerda para a direita, o Parlamento Mundial da Fraternidade Ecumênica (o ParlaMundi da LBV), a sede administrativa e o TBV, localizados na Quadra 915 Sul, em Brasília/DF, Brasil. Outras informações: (61) 3114-1070 / www.TBV.com.br.*

Entendam que o Comando de Deus é muito mais palpável do que fluídico ou intangível. Não se trata de paradoxo, uma vez que o julgamento do Tribunal Divino está sendo instalado na Terra. Por consequência, além da Glória dos justos, vocês verão as colheitas tenebrosas caindo sobre multidões. É o início mais que intenso do FIM. Assim, a proteção acima dos falangeiros reencarnados, que são as pessoas de Boa Vontade, aumenta em proporções multiplicadas. A competência de Deus se estabelece. **Queremos intuir-lhes projetos mais ousados**, porém que evitem fugir de seus objetivos superiores na Terra.

# Recordando o Evangelho

As recordações do Evangelho do Cristo nos enchem de coragem e de Amor. Nós, que vivenciamos e testemunhamos a magnitude de Nosso Senhor em eras distantes, equacionamos para os tempos atuais o sentimento da recordação ou a filosofia da gratidão pelos Exemplos Divinos proferidos pelo Mestre Jesus em época primitiva e ingênua.

É incontestável que a identificação da imagem viva do Cristo na Religião Divina permite a ela sustentar sua Ideia Crística toda especial e a proteção de sua gente de Boa Vontade. Um exemplo disso são as Proclamações do Cristo Estadista e de Jesus Vivo![4]

[4] **Proclamações do Cristo Estadista e de Jesus Vivo!** — Saiba mais lendo os livros da coleção "Sagradas Diretrizes Espirituais da Religião de Deus, do Cristo e do Espírito Santo", da lavra de Paiva Netto.

# Livros que iluminam a nossa percepção sobre Jesus e Suas Leis

Se estiverem com seus pensamentos e suas ações, suas preces e suas operações de trabalho firmados nos ensinamentos de Jesus, ficarão ilesos dos atropelos que ainda vêm sobre o Brasil e o mundo em forma de cataclismos.

Devemos preparar os corações, preparar as cabeças, de todos os nossos Irmãos na Terra com o tônus de Jesus. **E os livros de nosso Irmão Maior Paiva Netto** são especiais, porque **iluminam a percepção equivocada de muitos sobre Jesus e Suas Leis**. São escritos muito importantes para os povos. São palavras de Fé, de crença no valor da Solidariedade, do Bem, valores esses excelsos, que transcendem os valores materiais, porquanto são do Espírito, berço das Almas libertas.

# 2

# Todos somos filhos de Deus

*Eu sou o Caminho, a Verdade e a Vida.*
*Ninguém vem ao Pai senão por mim.*
(Evangelho de Jesus, segundo João, 14:6)

## Auxílio Divino

Todos somos filhos de Deus. Precisamos sentir a presença do Pai Celestial para alcançarmos nossa regeneração. Quando O percebem, as criaturas se comovem. Mas é necessário que o Espírito queira receber o Auxílio Divino.

## Aprender a viver em Deus

O instante de glória material somente nos beneficiará se aprendermos realmente a viver em Deus. Então, mereceremos muitas benesses espirituais.

# Encontro com o Senhor do Universo

Ao encontro de Deus, compreendemos por que nascemos, por que vivemos e por que, um dia, retornaremos à Pátria da Verdade.

Ao encontro do Cristo, nosso Divino Mestre, somente a Luz se faz presente. E essa Claridade, que anima as Almas ao progresso espiritual das criaturas, amplia os horizontes dos que na angústia ainda perpetuavam seu destino.

Na comunhão com Deus, somos exatamente aquilo que representamos entre os seres humanos. Não há roupagem nem rótulo, nenhuma marca, senão do nosso estado evolutivo com suas consequências benéficas ou maléficas durante séculos e milênios.

A vibração espiritual do Ser cresce na medida do esforço do indivíduo para chegar ao ponto, ao ápice da aliança com o Deus da Terra, Nosso Senhor Jesus Cristo, que nos eleva ao Supremo Comandante do Universo. O Divino Mestre, que é UM com o Pai, é o Salvador de homens, mulheres, jovens, crianças e Espíritos de todas as religiões, de todas as ideologias, de todos os povos.

Ao pisarmos no Solo Sagrado da Religião de Deus, do Cristo e do Espírito Santo, encontramo-nos com Jesus.

No olhar de cada ser humano, na respiração de cada componente do Centro Espiritual Universalista, o CEU da Religião Divina, aproximamos Jesus de toda a população aflita e desesperada, que busca a melhoria, não somente dos assuntos materiais, mas principalmente das questões irrespondíveis aos olhos da matéria.

*Maria e o Menino Jesus, na concepção de Roberto Ferruzzi (1853-1934).*

# Excelsa Mãe de Jesus

Recorremos, como sempre, à Divina, à Excelsa Mãe de Jesus, suplicando o seu contínuo amparo com sua magnânima Equipe de mulheres fortes, corajosas, que ostentam o grande orgulho de pertencer à Falange do Bem.

Ó Mãe Santíssima, venha, por misericórdia, auxiliar e expandir nossos passos em direção àqueles que adentrarem as Igrejas Ecumênicas[1], Territórios Sagrados, Solos Divinamente iluminados da Religião de Deus, do Cristo e do Espírito Santo, a inconfundível Religião do Amor Universal, a Religião do Terceiro Milênio.

Aqui, neste Espaço de Luz, os seres humanos e espirituais podem realmente encontrar-se com o Senhor do Universo.

---

[1] **Igrejas Ecumênicas da Religião de Deus, do Cristo e do Espírito Santo** — Funcionam em todo o país e no exterior, tendo como objetivo maior proporcionar ao público a Paz de que tanto o mundo necessita nos dias de hoje. O Ecumenismo sem restrições é o que se respira nos ambientes desses Espaços de Fé Realizante. No *site* www.ReligiaodeDeus.org veja o endereço da Igreja Ecumênica mais próxima de você. Venha orar conosco!

# 3

# A Vontade do Pai Celestial

*Pai, todas as coisas Vos são possíveis.*
*Afasta de mim este cálice. Contudo,*
*que seja feita a Vossa Vontade, e não a minha.*
(Evangelho de Jesus, segundo Marcos, 14:36)

# Compreender a Vontade Divina

Certa vez, enfrentávamos algumas dificuldades no Plano Espiritual, por não conseguirmos alcançar determinado objetivo, sem explicações plausíveis. Isso ocorreu na década de 1940. Chamei os integrantes de nossa Equipe Médico-Espiritual, alguns ansiosos por resultados eficazes acerca daquele trabalho na Terra, que ainda não se houvera concluído. Solicitei a todos que se sentassem para que pudéssemos juntos proferir uma Prece ao Cristo, para que nos desse os elementos necessários ao entendimento do assunto. Ao encerrar a breve Oração, proferida com sinceridade, um Amigo Espiritual de nosso grupo indagou: *"Bezerra de Menezes, oramos a Deus para que Ele mude a situação. E agora?"*

Respondi ao prestimoso colaborador que **não orávamos a Deus para que Ele alterasse Sua posição, mas para que fizesse com que todos compreendêssemos a posição Dele**.

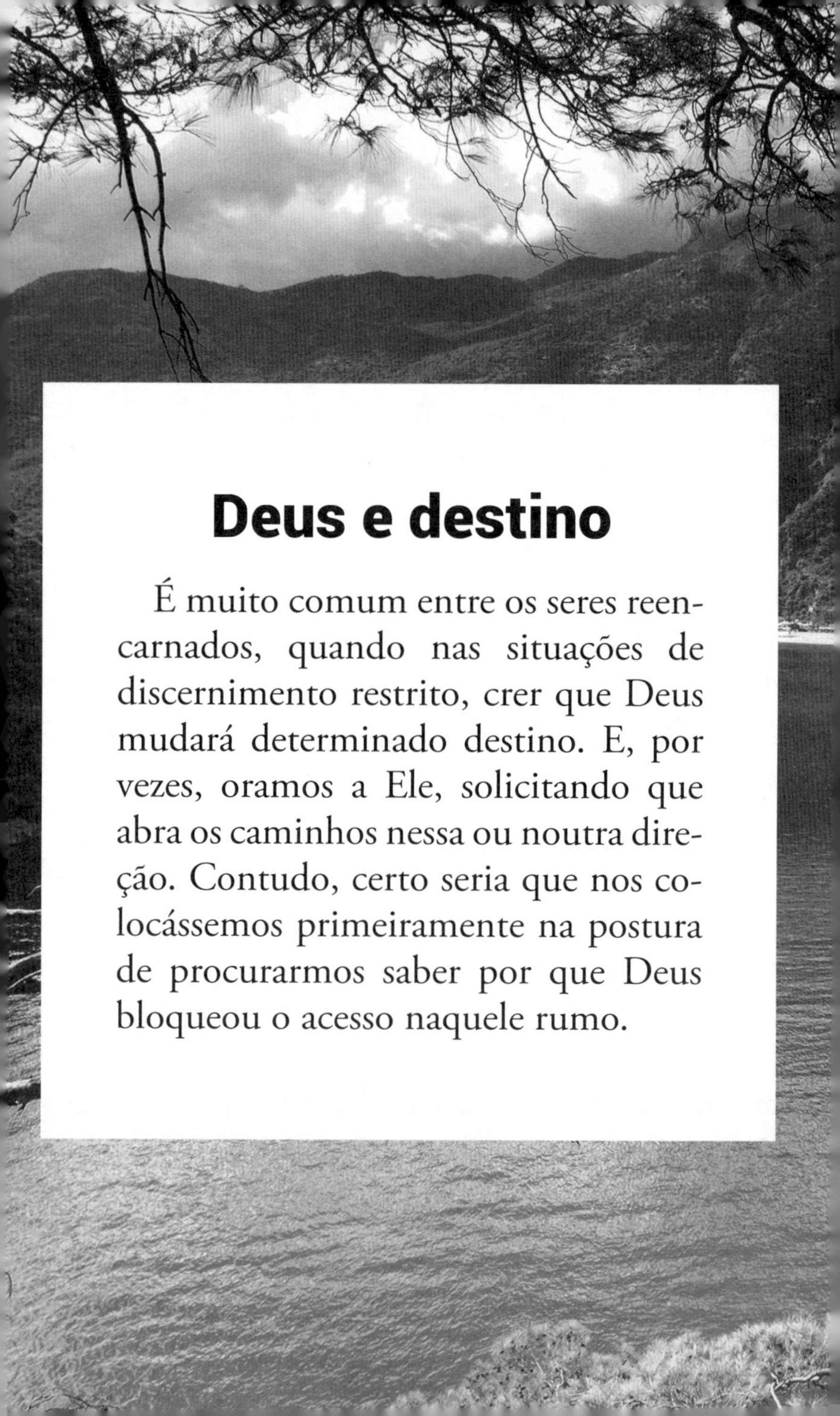

## Deus e destino

É muito comum entre os seres reencarnados, quando nas situações de discernimento restrito, crer que Deus mudará determinado destino. E, por vezes, oramos a Ele, solicitando que abra os caminhos nessa ou noutra direção. Contudo, certo seria que nos colocássemos primeiramente na postura de procurarmos saber por que Deus bloqueou o acesso naquele rumo.

# 4

# Lei das Obras: a Regra-Mor do Universo

*Meu Pai não cessa de trabalhar, e Eu com Ele.*
(Evangelho de Jesus, segundo João, 5:17)

# Dia do Trabalho

Pedimos sempre aos Irmãos da Terra que façam instantes de reflexão e sintam interiormente **a grande batida do coração do Cristo**. Vislumbrar o que ainda está no Invisível não é difícil, basta a sensibilidade pela Fé e pelas Boas Obras.

A Ordem Espiritual Superior é que todos se apercebam de que as Palavras de Jesus em Seu Apocalipse (22:12) são sérias e certas. Nelas está inserida a Lei das Obras, portanto, o trabalho edificante, de erguimento moral e espiritual: *"E repete o Cristo: Eis que venho sem demora, e comigo está o galardão que tenho para retribuir a cada um segundo as suas obras"*.

Enquanto parte da humanidade trafega sem rumo, em estado de verdadeira magia hipnótica quanto aos valores do Espírito, a Religião do Terceiro Milênio cumpre as ordens do Mestre. **Quem trabalhar e realizar o Mandato Superior jamais se arrependerá.**

Que o Dia do Trabalho, para a humanidade, seja como acontece na Religião Divina: um Natal Permanente! Portanto, ação incessante pelo aprimoramento dos Irmãos encarnados.

## Não nascemos para o ócio

O ser humano não nasceu para o ócio. Por isso é abençoado. **O trabalho é**, portanto, sempre uma **Bênção de Deus**.

## Labuta pelo Bem

O trabalho do Bem é fator de harmonização do Universo.

## Hierarquia pelo trabalho

Dentro das normas da grande Instituição Universal, a Hierarquia pelo trabalho é a mola mestra do andamento e da Cultura de todos os integrantes do Espaço Sideral.

## Espírito apostólico

Nenhuma atividade poderá ser bem realizada se não existir o espírito apostólico, de sinceridade, ensinado por Jesus.

# Ação renovada no Bem

Tenhamos responsabilidade para com o trabalho santificante, para com a ação renovada no Bem, longe das peripécias de satanás, com seus monstros fofoqueiros[1] que nada constroem pela Causa Divina do Mestre e Senhor de nossas existências.

Façamos **uma parede inquebrantável de união**, juntando esforços em todos os campos e possibilidades que Jesus nos apresenta diariamente.

1 Nota da Academia Jesus, o Cristo Ecumênico, o Divino Estadista
**Monstros fofoqueiros** — Sobre esse terrível vício da fofoca, recomendamos a leitura da expressiva página vinda do Mundo da Verdade e intitulada "O inferno da maledicência". É de autoria do Espírito Irmão X, pela mediunidade de Chico Xavier (1910-2002). Por sua importância, o Irmão Paiva Netto solicitou que ela fosse publicada na seção "Antologia da Boa Vontade", edição 171 (maio de 2023) da revista JESUS ESTÁ CHEGANDO! Acesse em www.JesusEstaChegando.com/acervo.

# 5

# Jesus e livre-arbítrio

*Quando iam a caminho, entrou Jesus em uma aldeia; e uma mulher de nome Marta o hospedou. Tinha ela uma irmã chamada Maria, que, sentada aos pés do Senhor, Lhe ouvia os ensinamentos. Marta agitava-se de um lado para outro, ocupada em muitos serviços. Então, se aproximou de Jesus e disse: "Senhor, não Te importas de que minha irmã tenha deixado que eu fique a servir sozinha? Ordena-lhe, pois, que venha ajudar-me". O Senhor, porém, respondeu: "Marta, Marta, andas inquieta e te preocupas com muitas coisas; entretanto, uma só é necessária. Maria, pois, escolheu a boa parte, e esta não lhe será tirada".*
(Evangelho do Cristo, segundo Lucas, 10:38 a 42)

# O Cristo é pela Democracia

O livre-arbítrio realmente funciona. Às vezes, Espíritos mais elevados questionam os de envergadura ainda maior, na Hierarquia Divina, por que não criarmos um sistema ditatorial para o Bem, um sistema planetário ditatorial em benefício das próprias populações, uma vez que as criaturas disciplinadas no convívio fraterno e solidário seriam requisitadas aos planos mais altos de ações mais concretas. Mas **o Cristo** responde que Ele **é pela Democracia**, pela responsabilidade individual.

Desenvolver a responsabilidade pessoal e coletiva, aí está a grande missão.

# Leis que são cumpridas

Nenhum Espírito do Bem força o livre-arbítrio das pessoas. As Leis de Deus são feitas e são cumpridas sempre!

## Jesus é paciente

Jesus possui paciência enorme no trato com o ser humano. Não se apressa! Dá tempo a toda criatura para que aprenda a usar, beneficamente, o próprio livre-arbítrio. Porém, dotou a Terra e o Céu da Terra de Leis Eternas, que não admitem a impunidade.

# Não há imediatismo nos Assuntos de Deus

Em tempos de transição apocalíptica, os fatos não se atropelam. Também o mundo não muda de uma hora para outra. Porém, a constante ação da Verdade de Deus elevará o ser humano do terceiro milênio, embora se ressalte ainda que não falo a curto prazo. Não existe imediatismo nos Assuntos de Deus. Seria um paradoxo o mundo querer, em pouco tempo, alcançar todos os benefícios e soluções que o Cristo deseja trazer à Terra, embora a humanidade os tenha desprezado durante milênios.

# A escolha é dos seres humanos

Os seres humanos, por meio do livre-arbítrio, escolhem esse ou aquele caminho. E o corredor para a Terceira Guerra Mundial está aberto. Será muito difícil para os que não estiverem inscritos no Livro Sublime do Cristo, cujo registro considera o comportamento diário, as atitudes de ontem, de hoje e de amanhã.

# Choro dos Espíritos do Bem

Aqui, choramos por aqueles que possuem a oportunidade de se firmar nas Leis do Cristo, e não o realizam. Mas, com esperança, também **trabalhamos para que o sofrimento**, sendo assim necessário, **possa operar transformações importantes** no comportamento dos povos para o bem de todos.

# Nossa grande ambição

Queremos salvar a coletividade. É nossa grande aspiração. Vou colocar ainda mais: nossa grande ambição! Mas a humanidade precisa querer se salvar. **Não adianta proferir frases elogiosas** ao Cristo, mensagens encantadoras ao Senhor, em sonoras manifestações, **se o coração guardar interesses diferentes** das palavras manifestas.

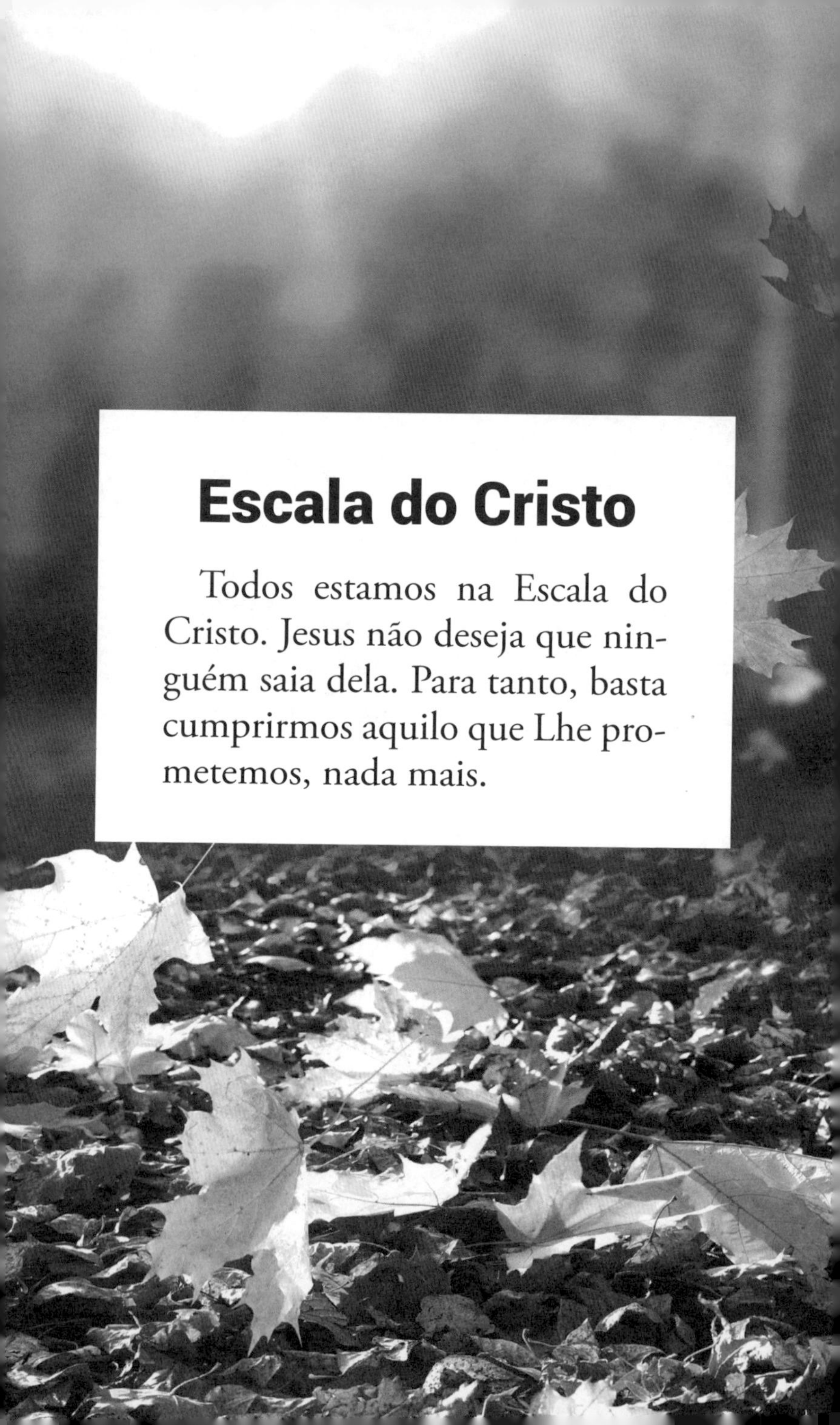

# Escala do Cristo

Todos estamos na Escala do Cristo. Jesus não deseja que ninguém saia dela. Para tanto, basta cumprirmos aquilo que Lhe prometemos, nada mais.

# Jamais perder o espírito de iniciativa

Quando temos um trabalho a ser feito, muitos problemas ocorrem dentro de nossas andanças até que cheguemos aos objetivos finais. No desenrolar dos acontecimentos, os Irmãos do Espaço jamais desejam que as pessoas percam o espírito de iniciativa ou o próprio livre-arbítrio. Mas, na hora da guerra, quem tem a visão um pouco mais ampliada merece crédito adicional. Repito: não queremos perda de iniciativa ou do livre-arbítrio. Isso nunca! Pois, se algum Espírito vier impor o que cada um deve fazer sem respeitar o livre-arbítrio, não estará vindo de Deus. **Os Amigos do Mundo Invisível apontarão os melhores caminhos, sempre.** E esses nos servem como estradas seguras em que percalços costumeiros aparecerão, do mesmo modo que surgirão postos de apoio para nos guiar ao destino final.

# Livre-arbítrio e determinismo se entrelaçam

Os Agentes Maiores do Cristo neste planeta contemplam um grau de responsabilidade superior ao de qualquer cidadão comum. Livre-arbítrio e determinismo se entrelaçam em perene e múltipla entronização.

Nosso Irmão Maior costuma dizer que *"livre-arbítrio e determinismo coexistem"*. E diz mais: *"Deus nos deixa moralmente livres, mas não imoralmente livres. Se o Pai Celestial nos deu o livre-arbítrio, também nos premiou com o sentido da responsabilidade"*.

Que os habitantes do orbe aprendam a viver em sintonia com esta lei maior.

# A Coerência de Deus

As Coisas Espirituais não acontecem num passe de mágica. Apenas a dimensão espiritual em que estamos faz com que tenhamos uma visão mais aberta. Mas os mesmos obstáculos da Terra temos também em Cima e com a carga ainda maior, porque no Mundo Espiritual vemos tudo que temos em aberto e a nossa consciência exige que façamos mais, todavia nem sempre podemos ultrapassar o tempo que Deus nos dá. **Quem determina o nosso tempo é o Pai Celestial.** A sabedoria de Salomão há milênios já observara isto: *"Tudo tem o seu tempo determinado, e há tempo para todo o propósito debaixo do céu"* (Eclesiastes, 3:1).

Quantas vezes, Deste Lado, fomos advertidos por querer fazer algo que ainda não podíamos, pois do contrário acabaríamos prejudicando os próprios beneficiados. O Sistema que nos rege no Céu e na Terra possui como estrutura a própria Coerência de Deus.

# 6

# Vida Eterna e seus regimentos

*Em verdade, em verdade vos digo: quem ouve a minha palavra e crê Naquele que me enviou já passou da morte para a Vida Eterna.*
(Evangelho de Jesus, segundo João, 5:24)

# O trabalho dos milênios

Os seres humanos ainda estão sendo guiados, em sua maioria, por obsessores do Espaço, muitos dos quais carismáticos, líderes em suas regiões umbralinas. Há uma facilidade de ligação pessoal das criaturas do orbe terreno ao Mundo Espiritual, todavia a deturpação dos Assuntos de Deus foi grave ponto de partida para que esse triste e compulsório relacionamento ocorresse com as forças do mal, quando deveria se dar com os Espíritos do Bem.

Durante muito tempo, as lideranças da treva da Esfera Invisível, querendo alimentar a incredulidade e a desesperança na humanidade, aproveitaram-se dos deslizes de certos religiosos, o que gerou grande ceticismo entre os homens. A Lei é para todos e apresenta suas devidas sanções aos que caminham em erro. Mas não se pode permitir que a Religião, em seu sentido mais amplo, realmente de Deus, seja igualada aos erros humanos, nem que seja colocada sob uma mesma aura com o falível deus criado pelos homens.

Meu Irmão Maior Paiva Netto entende bem a questão que aqui exponho. Digo-lhe que o cerne de sua atual grande missão é evitar que se coloque em pé de igualdade o deus humano e o Deus Divino[1]. **Apresentar a elucidação correta da existência dos Espíritos, das Leis Divinas que os regem e suas finalidades é o trabalho dos milênios[2].**

---

1 **Deus Divino e deus humano** — Leia sobre essas definições do saudoso Proclamador da Religião Divina, Alziro Zarur (1914-1979), publicadas e explicadas por Paiva Netto no terceiro volume das *Sagradas Diretrizes Espirituais da Religião de Deus, do Cristo e do Espírito Santo* (1991), no subtítulo "A Lei da Reencarnação explica", constante do capítulo quarto de "A Decodificação do *Pai-Nosso*".

2 **Nota da Academia Jesus, o Cristo Ecumênico, o Divino Estadista**

**O trabalho dos milênios** — Aconselhamos a leitura de "Quanto à abrangente missão do Templo da Boa Vontade, no segundo volume de *Sagradas Diretrizes Espirituais da Religião de Deus, do Cristo e do Espírito Santo* (1990), em que Paiva Netto ressalta a necessidade da mudança de paradigma em nosso relacionamento com o Mundo Espiritual. Ele comenta: *"Se existe (como realmente existe) ligação compulsória da Humanidade de Cima (Céu) com a de baixo (Terra) e, portanto, se é inevitável a influência do Mundo Invisível sobre o visível, que ela seja para o Bem. Porque o contato que se estabelece geralmente ainda é com criaturas espirituais maléficas, atrasadas, verdadeiros diabos. E essa interação é infelizmente realizada de maneira inconsciente por grande parte das pessoas, sendo, por isso mesmo, quase sempre perniciosa, com resultados desastrosos na maioria das vezes. Isso por causa da nossa renitente ignorância a respeito das coisas espirituais".*

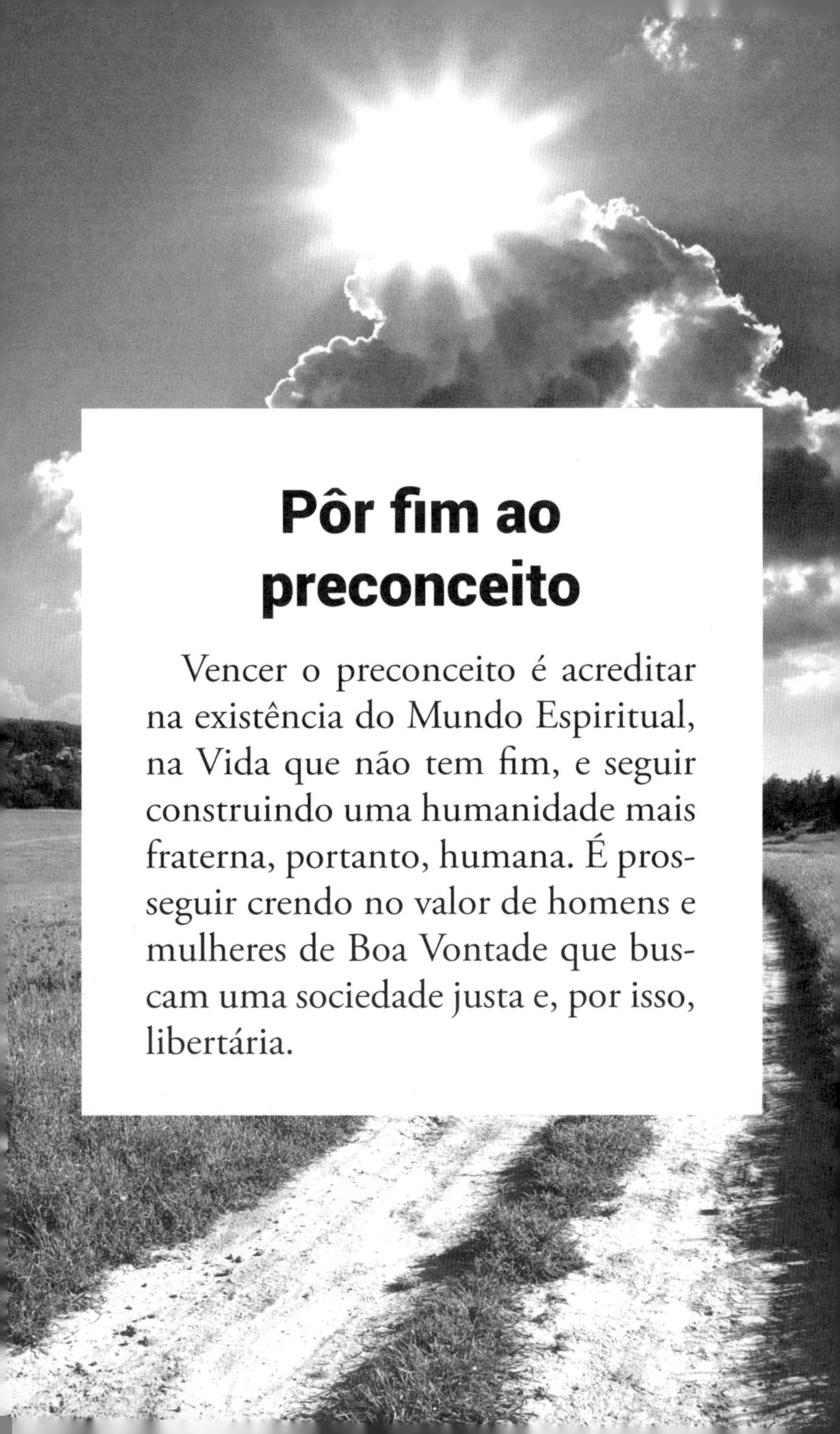

# Pôr fim ao preconceito

Vencer o preconceito é acreditar na existência do Mundo Espiritual, na Vida que não tem fim, e seguir construindo uma humanidade mais fraterna, portanto, humana. É prosseguir crendo no valor de homens e mulheres de Boa Vontade que buscam uma sociedade justa e, por isso, libertária.

# Não temer a morte

Aprendemos no Plano Espiritual que não devemos ter medo de morrer. Mas, estando na carne e em razão dos constantes riscos da vida cotidiana, é natural que fiquemos receosos. Contudo, se nossa tarefa na presente encarnação estiver sendo concluída, nada devemos temer. Trata-se de uma lição que tiramos no Mundo da Verdade: **o importante é saber se já cumprimos nossa missão com acerto**.

## Conteúdo promove liberdade

O vazio promove o vazio. Mas o conteúdo constrói a liberdade, principalmente se ele tiver como respaldo as bases do Espírito, que se fundamentam na Vida Eterna.

# Hierarquia é a Disciplina de Deus

O entusiasmante Mundo da Verdade é constituído por Tribunal de vários motes. **A hierarquia realmente é a Disciplina de Deus.** Evoluir ou não evoluir é realidade incontestável, ainda que a regressão não exista e a estagnação seja algo concernente a muitos amigos do Espaço. Quantos querem verdadeiramente crescer, buscar o progresso e o engrandecimento pessoal?

Também sofremos muito no Plano Espiritual, porém buscamos sempre mais agentes com a competência necessária para o trabalho sério e edificante a ser feito. O campo de ação é muito abrangente.

Grande parte das criaturas humanas despeja o vício do rancor na chegada às Câmaras do Espaço na Pátria da Verdade. Imenso é o trabalho para convencê-las de que o mundo à sua volta é outro. Fico de sentinela junto dos demais colaboradores, suplicando, orando pelo esclarecimento dos nossos amigos.

A Terra é sem dúvida, por enquanto, um planeta materialista e egoísta. Gera em sua essência seres inclinados ao lucro devorador, numa sociedade altamente invejosa e longe de valores éticos. Assim nosso desafio é diário. E empolga-nos quando uma Legião de Fé — a exemplo das Instituições da Boa Vontade de Deus[3] — não se intimida e avança rumo à Espiritualização das massas, mesmo que estas creiam ou não na Vida Eterna, enxerguem ou não os Espíritos de graus diferentes.

[3] **Instituições da Boa Vontade** — São formadas pela Religião de Deus, do Cristo e do Espírito Santo; pela Fundação José de Paiva Netto; pela Legião da Boa Vontade (LBV); pela Fundação Boa Vontade; e pela Associação Educacional Boa Vontade.

# Aprimoramento Espiritual

Da mesma forma que na Terra todos procuram sua formação e precisam se especializar nos assuntos da matéria, no Espaço, os Espíritos devem sempre buscar aprimoramento espiritual para não ficarem no primário diante da Sabedoria do Plano Etéreo. Precisam saber a ação, a reação, como se defender nas longas jornadas, que no Ambiente Espiritual são preparadas a todos. A evolução na Esfera Invisível é contínua. Mesmo quando dormimos, tiramos lições de vida, entendemos por que descansamos. Por isso, o conhecimento espiritual, as reuniões e palestras no Mundo da Verdade se intensificam a cada dia.

# Laboratórios humanos e Mundo Espiritual

Não é para já que os laboratórios humanos comprovarão a existência do Mundo Espiritual[4], mas esse momento chegará com toda a certeza. A Terra fará com que as prioridades espirituais se estabeleçam em função da grande dor. A reconstrução do mundo será um tema muito forte para a humanidade no século 21.

Havendo uma grande guerra, **somente restará a Nação da Esperança**. Espíritos de Luz trabalham cuidadosamente para que os seres humanos não cheguem ao declínio total.

4 Sugerimos a todos a leitura do capítulo "A neurociência da mediunidade", do livro *Os mortos não morrem* (2018), de Paiva Netto.

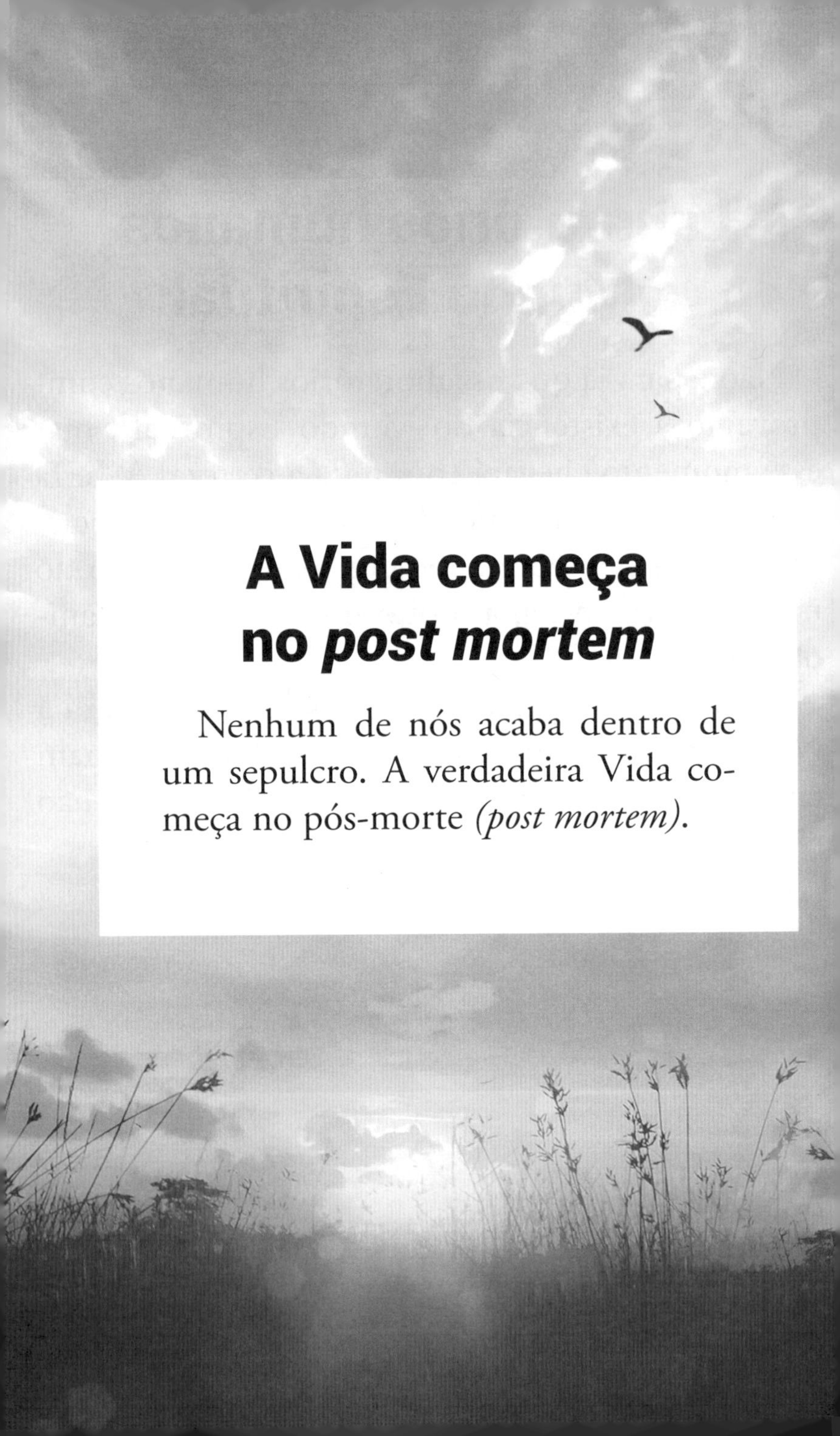

# A Vida começa no *post mortem*

Nenhum de nós acaba dentro de um sepulcro. A verdadeira Vida começa no pós-morte *(post mortem)*.

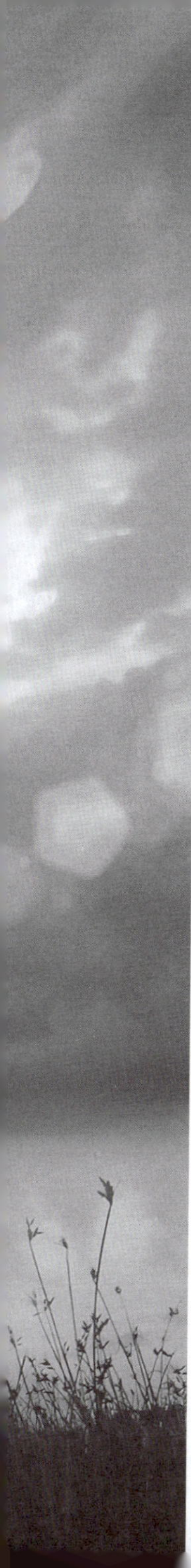

# Muitos Universos para conhecer

A vida material é Concepção Divina. O nosso Irmão Maior Paiva Netto foi inspiradíssimo ao retratar em magistral página que *"o Universo é um ato sexual de Deus"*[5]. Os Espíritos evoluídos trabalham nessa amplidão da existência. Temos, portanto, vários Universos para conhecer ainda.

[5] *Vide* o terceiro volume de *Sagradas Diretrizes Espirituais da Religião de Deus, do Cristo e do Espírito Santo* (1991), de Paiva Netto.

# Teoria Divina na prática

Humildemente, cada ser humano ou espiritual, reencarnado ou na Pátria da Verdade, deve colocar-se na posição de aprendiz, para receber a Teoria Divina na prática e na plenitude de sua superioridade às perspectivas humanas, pois ela é oriunda da mais elevada conceituação.

# Como ter uma boa chegada ao Plano Espiritual

Gostaria de discorrer sobre um tema um tanto apavorante para muitos Irmãos que não se encontram na faixa do Evangelho-Apocalipse de Jesus.

Há décadas acompanhamos o desenlace de nossos Irmãos da Terra. Muitos deles carregam expressões as mais diversas: de genialidade, de intelectualidade, de grande cultura, de muitos dons, mas sem o devido preparo para o desencarne.

Daí a importância de conhecer **os Assuntos Espirituais e de praticar as Boas Obras** enquanto na Terra. São **elementos vitais para assegurar uma boa chegada ao Plano Espiritual**.

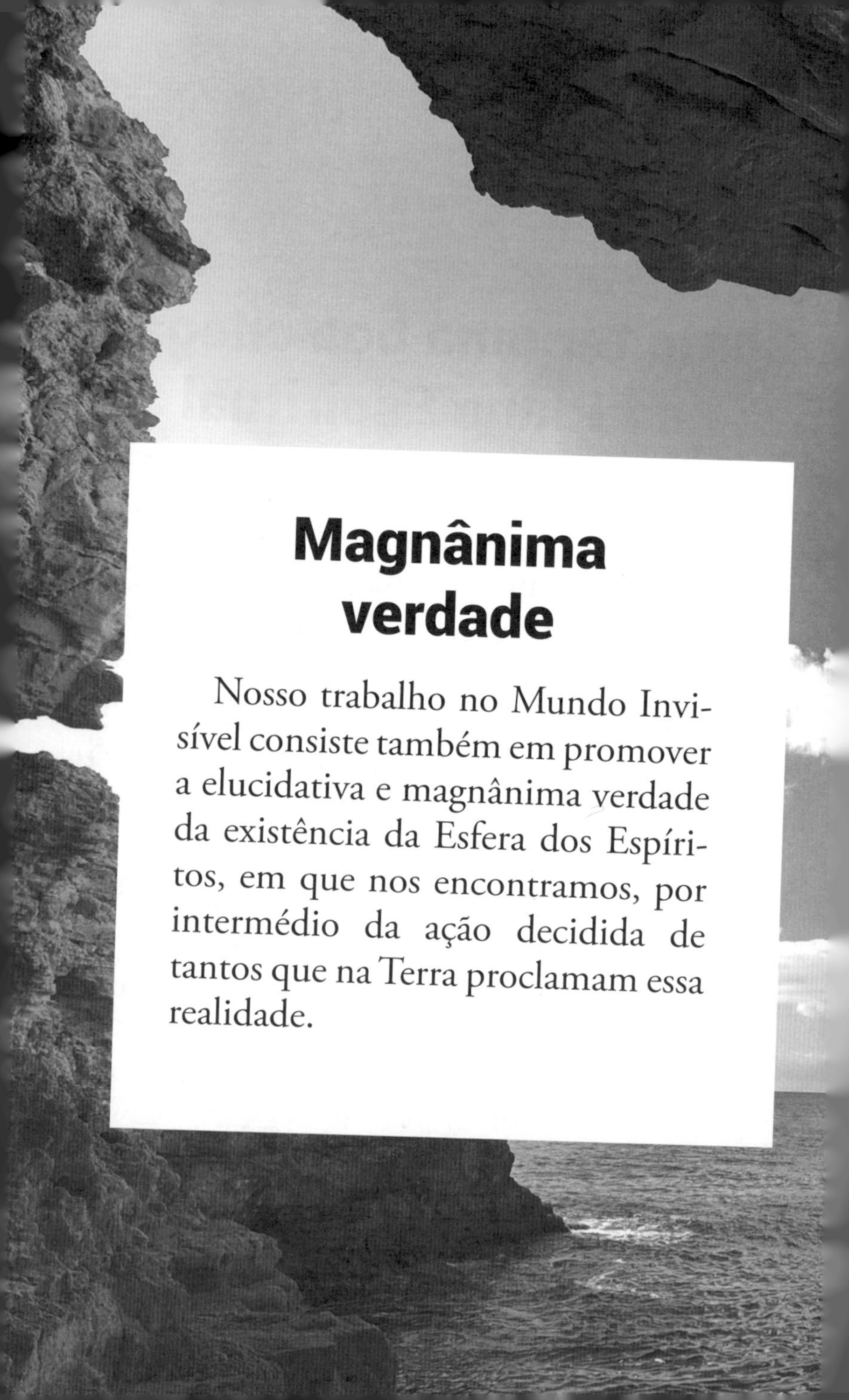

# Magnânima verdade

Nosso trabalho no Mundo Invisível consiste também em promover a elucidativa e magnânima verdade da existência da Esfera dos Espíritos, em que nos encontramos, por intermédio da ação decidida de tantos que na Terra proclamam essa realidade.

# Morte — a mentira dos milênios

Verdadeiramente, a morte é a mentira dos milênios.

Para os que se intitulam "donos da Sabedoria", suplico um minuto de reflexão e de sintonia com as forças da Natureza. **A ambição suprema da Humanidade de Cima, isto é, a Espiritual, que, sempre a serviço do Bem, os protege e os anima, é a da humildade.** Não somos perfeitos em nossa roupagem material e, portanto, não somos a genialidade que por vezes pensamos ser. Com direitos e deveres, acima de tudo, espirituais, todos devemos partir da premissa de que a Criação não pode ter fim, pois o princípio universal não permite a aniquilação do Espírito que Deus criou.

Façamos uma introspecção acerca de nossa evolução e sentiremos a profunda necessidade de caminhar para a frente, sentido único no Plano de Deus.

Protetores Augustos vigiam nossas existências e transpiram benevolência, no progresso da Caridade do Novo Mandamento de Jesus. Vislumbremos a

Proteção que nos guarda na Santíssima Religião de Deus, do Cristo e do Espírito Santo, mormente nos trabalhos de ajuda aos carentes da sorte, aos desabrigados do corpo e da Alma, pois, **a cada auxílio prestado, um Protetor é enaltecido e um protegido é amparado**.

Devemos, sim, acalmar pensamentos rancorosos e não proceder infantilmente diante das questões espirituais. Nosso caminho seguro está na elevação de nossos atos. Vivamos na dedicação e na perseverança do Serviço do Pai, realizando Boas Obras, repertório garantido da evolução do Espírito.

**Lembremos com Amor os que partiram para o Mundo Espiritual, não deixando a tristeza superar nossa mais pura emoção.**

# 7

# Vencendo desafios

*Entrai pela porta estreita; porque larga é a porta e espaçoso o caminho que conduz à perdição, e são muitos os que entram por ela. Estreita, porém, é a porta e apertado o caminho que conduz para a Vida Eterna, e são poucos os que acertam com ela.*
(Evangelho de Jesus, segundo Mateus, 7:13 e 14)

## Compromisso Espiritual

Todos temos problemas na vida, seja na Terra ou no Céu da Terra. Sentimos dificuldades nos desafios que enfrentamos. Porém, se seguirmos confiantes em Deus, dispostos a superar quaisquer embates, **nada nos impedirá de cumprir integralmente nossas promessas** aos Maiores da Espiritualidade Superior. Compreendem? Compromisso Espiritual não é assumido na Terra. Nela apenas somos despertados para esse dever: a Agenda Espiritual de cada um de nós.

# Não perder o equilíbrio

Venceremos um por um os empecilhos postos no caminho do seguidor do Evangelho. A questão é jamais perder o equilíbrio na resolução dos problemas. Sempre os teremos em todos os sentidos, contudo **nunca nos faltará o auxílio do Céu**.

# A solução está no Alto

Os desafios em nossas vidas surgirão sempre, porém encontraremos continuamente formas acertadas de os superar, se houver um instante de reflexão, de introspecção de seus Espíritos ao estado de origem, ou seja, o Mundo Espiritual. Nosso preclaro Irmão e Amigo Flexa Dourada[1] nos trouxe essa importante reflexão: ***"Os problemas estão embaixo; a solução, no Alto"***.

[1] **Flexa Dourada** — Irmão indígena que fraternalmente se manifesta em Espírito, em nome de tantos abnegados Irmãos Militantes da Revolução Mundial dos Espíritos de Luz, na Quarta Revelação — a Religião Divina, nas reuniões práticas do Centro Espiritual Universalista, o CEU. Esse nobre amigo, que é destacado colaborador da grande Equipe Espiritual coordenada pelo Dr. Bezerra de Menezes, sempre traz orientações e informações preciosas para a conduta humana mais harmônica com as Leis Divinas. Numa de suas mensagens, o autor de *Reflexões sobre Jesus e Suas Leis* afirmou: *"Flexa Dourada é um Espírito a quem damos o papel de porta-voz pelo bom senso, competência e fidelidade espiritual de muitos anos de acompanhamento dos trabalhos"*.

# Tudo vai da disposição em criar a oportunidade

Na minha convivência no Mundo Espiritual, me chama muita atenção o fato de que os seres humanos são geralmente mais fortes quando estão sob pressão ou ameaçados por profunda dor. Mas Jesus permite que também nas boas horas as criaturas humanas se mostrem resistentes, da mesma forma que nos momentos mais difíceis. Tudo vai da disposição, do interesse em fazer a hora. Nós criamos a oportunidade. Valioso para isso é o ensinamento do Cristo Senhor: *"Estas coisas vos tenho dito para que tenhais Paz em mim. No mundo, tereis tribulações. Tende, porém, bom ânimo, pois Eu venci o mundo"* (Evangelho, segundo João, 16:33).

# Os caminhos se abrem na turbulência

Todos merecem nosso carinho, nossa consideração e a certeza de que **muitas lutas, mas com muitas vitórias, ainda virão**. São inúmeros os desafios que temos de enfrentar em nossas reencarnações. Atenção à palavra: **desafios, mas acompanhados de muita superação**. Quando há merecimento, vencemos tudo acima de nossas aparentes condições. Os caminhos se abrem até mesmo na turbulência.

## Superação dos obstáculos

Não há, para o Pai Universal, nenhuma barreira intransponível. Por isso, igualmente não há obstáculos para o ser espiritual e humano que sintoniza o coração Naquele que *"era, que é e que há de vir"*[2], nosso Deus da Terra e de todos os planetas do Espaço Sideral.

[2] **Apocalipse de Jesus, 4:8** — *"Santo, Santo, Santo é o Senhor Deus, o Todo-Poderoso, Aquele que era, que é e que há de vir".*

# A Energia que vem do Cristo!

Não podemos imaginar derrotas nem fixar nossos pensamentos em doenças físicas ou psíquicas, se temos a Energia que vem do Cristo.

**Não podemos nos deter diante dos obstáculos, se vivemos e possuímos as Energias que vêm do Cristo.** Por nossa decisão em Jesus seremos privilegiados.

Precisamos fazer com que o Brasil e o mundo sintam a Energia que vem do Cristo. O Fundador desta Casa Santa, LBV, Alziro Zarur (1914-1979), diz que todos precisamos ***“ligar a nossa tomada em Jesus”***.

Superaremos os problemas sociais, econômicos, políticos, científicos, filosóficos, artísticos, se pegarmos as Energias que vêm do Cristo e as transformarmos em potencialidades para as soluções no mundo pessoal e profissional dos povos, das crenças, das etnias da humanidade.

# Ouçam com a temperança, mas realizem com a espada

Desde a Era dos Primatas, a constelação de Irmãos e Amigos com escala de evolução muito adiantada forma imensa corrente no Espaço em prol da regeneração de homens e mulheres da Boa Vontade verdadeira. Eles acompanham de perto a marcha, a conquista, os sofrimentos por todos vivenciados, na grande escada de aprimoramento espiritual chamada planeta Terra.

**Não temam, não desistam, avancem na marcha da ascensão espiritual!** Sintam a grande vitória do Cristo no orbe terrestre.

**Ouçam com a temperança, mas realizem com a espada**, pois os tempos finais de ciclo apocalíptico suplicam a todos o espírito de responsabilidade e de extraordinária ousadia no Bem.

# Uma equipe coesa em Jesus transcende toda dificuldade

Uma equipe coesa em Jesus é capaz de transcender os mais importantes e dificultosos caminhos da Terra. O próprio Cristo ensinou-nos que *"aquilo que não é possível aos homens para Deus é sempre possível"* (Evangelho, segundo Mateus, 19:26).

# Corrente de elos inquebrantáveis

Ao formarmos uma corrente gigantesca com elos inquebrantáveis, de mentes libertárias, desobstruímos nosso acesso à estrada que o Cristo — com Sua magnânima amplitude — trilha ao encontro de todos aqueles que se destinam à Nova Canaã.

# Justo propósito

No Plano Espiritual, **não existem impossibilidades quando o propósito é justo**. Tudo é realizável para aquele que acredita, que crê na presença e no auxílio das criaturas do Bem aparentemente invisíveis.

# 8

# A Fé revela-nos a Lei de Deus

*Em verdade, em verdade vos digo que, se tiverdes Fé do tamanho de um grão de mostarda, direis a este monte: Sai daqui, lança-te ao mar, e assim acontecerá. Nada vos será impossível.*
(Evangelho de Jesus, segundo Mateus, 17:20)

# Fé que diviniza

A Fé que diviniza[1], explicitada pela Religião do Amor Universal, é a concepção exata do supremo objetivo de ligação à Maior Autoridade do Mundo Espiritual Elevado, que é Jesus. Ela nos convida à meditação profunda.

Quantos alquimistas procuraram, ao longo dos tempos, tesouros escondidos? Porém, a Religião do Terceiro Milênio mostrou, pela correta ligação ao Plano Divino, o encontro da inigualável fortuna: a Fé que diviniza.

Espalhar e utilizar a Fé que diviniza devem ser conquistas constantes em nossa existência a caminho da realização em Deus.

Não desmerecemos os que buscam a primeira fase da Fé, a Raciocinada. Porém, Allan Kardec (1804-1869) voltou à Pátria Espiritual, desceu de novo ao plano material, foi e retornará. Incentivamos então

---

[1] **Fé que diviniza** — É aquela que integra a criatura no Criador. Esse conceito de Paiva Netto está registrado e é desenvolvido por ele no primeiro volume de sua obra *Sagradas Diretrizes Espirituais da Religião de Deus, do Cristo e do Espírito Santo* (1987), em "Os Estágios Progressivos e Divinizantes da Fé".

a todos que procurem se integrar igualmente na Fé que diviniza, pois o planeta vive etapa de transformação e, muito breve, trabalhará por nova roupagem e exemplar comportamento: a Era do Terceiro Milênio.

A Fé que diviniza, na Verdade infinita de todos os milênios, ainda precisa ser realmente compreendida.

**Associar a Fé à Vontade Divina renova os nossos destinos** e nos empolga a praticar uma ação ainda mais convicta perante Deus, Jesus e o Espírito da Verdade.

Quando seguimos os passos do Divino Mestre Jesus, maior alvo da incompreensão humana, é nos tropeços, nas dúvidas, nas ingratidões, enfim, nas fronteiras mais duras de transplantar que a força transformadora da Fé que diviniza precisa mais intensamente resplandecer. **Quem é capaz de atingi-la? Quem? Esperamos que todos, afinal!** Que vocês possuam, em seus corações de Boa Vontade, verdadeiro entendimento dela, pois o tempo passa e tonifica o acordo da responsabilidade pela mais sublime Fé, a Divinizante.

A vontade dos Amigos Espirituais é que todos estejam aptos a senti-la e a praticá-la, que estejam preparados para recebê-la no íntimo do coração que pulsa e permanece sequioso da Esperança.

Que a Fé que diviniza se manifeste em seus atos, nas renúncias e na ação perseverante e paciente. **Alcançar tamanho estágio da Fé é chegar à porta do galardão esperado.**

# Fé inabalável de Jesus

Saudamos os antiquíssimos Espíritos de Deus numa tarde de Sábado de Aleluia, o Sábado da Vitória, a Vitória da Vida Eterna.

Nossas Almas se distanciam cada vez mais do gólgota da perversidade humana e da inconsequência de mentes respaldadas no anti-Cristo e seus sequazes.

**A Religião de Deus, do Cristo e do Espírito Santo corporifica a mensagem da Ressurreição**; a Mensagem do Amor Universal, que supera o ódio e neutraliza a ação perversa dos incautos de todos os tempos, de toda a humanidade.

Apreciem, caríssimos Cristãos do Novo Mandamento, Legionários da Boa Vontade, a Fé inabalável que o Mestre Jesus exemplificou com a fidelidade máxima ao Pai Maior, o Supremo, o Deus do Universo.

Em nossas mentes, revivemos os Atos dos Apóstolos que foram despertados, encorajados e abençoados pelo próprio Cristo com a visão extraordinária da existência do Mundo da Verdade.

Hoje, não necessitamos de comprovações, das chagas do Cristo cravadas em Suas mãos e Seus pés. Os Tomés da atualidade, revitalizados, renovados, aplaudem, propagam e amplificam a Majestade do Cristo, com imensa glória, capaz de revigorar sentimentos e males de todas as espécies que acometem o vaso físico da humanidade.

Os Nicodemos do mundo moderno não precisam mais questionar a existência da reencarnação e das vidas sucessivas, pois sabemos que a morte é apenas uma transição, uma passagem para outra dimensão. O mecanismo regulador do renascimento harmoniza a volta à vida na matéria, o desempenho do Espírito renovado e o seu comportamento no tempo seguinte determinado por Deus.

**Sentimos na Religião Divina a presença bem-aventurada da Mãe de Jesus. Maria, que se elevou com a glória de seu Filho, venceu pelo Amor o ódio da humanidade pecadora** e hoje faz parte do Reino da Cristandade com Sua Falange Especial. Falange de aguerridas mulheres, sim, destemidas Cooperadoras dos mais diversos segmentos do eixo que regulamenta a harmonia do orbe terrestre.

A Luz do Cristo resplandece na Alma de Pedro Apóstolo, o designado pelo próprio Mestre Jesus a apascentar o rebanho, as ovelhas de todos os rebanhos. A ele foram conferidos poderes do Espírito, poderes transformadores, cuja essência se regulamenta pelo Novo Mandamento de Jesus: "*amai-vos uns aos outros como Eu vos amei*", consoante o Evangelho, segundo João, em seu capítulo 13, versículo 34.

E Jesus ainda completara no versículo 35: "*Somente assim podereis ser reconhecidos como meus discípulos, se tiverdes o mesmo Amor uns pelos outros*", ou seja, pela vivência ecumênica daquele mandamento restaurador, **mandamento que é Lei, mandamento que é verdadeiramente ordem e progresso para o Brasil e para a humanidade**.

# Fé — o Concreto de Deus

A Fé é o Concreto de Deus e a estrada que conduz à libertação, ao esclarecimento supino, o espiritual.

# Súplica aos Poderes dos Céus

A Fé inabalável na presença do revigorante calor maternal de Maria Santíssima, que faz progredir, avançar, também desperta corações endurecidos por sentimentos de dor e, muitas vezes, de invigilância.

O veículo da Fé, presente no Espírito Santo, está na Gloriosa Falange da Boa Vontade e reúne Almas das mais variadas concepções e estágios da evolução espiritual.

Como verdadeiro espelho, passamos a perceber o centro gravitacional em que nos encontramos, den-

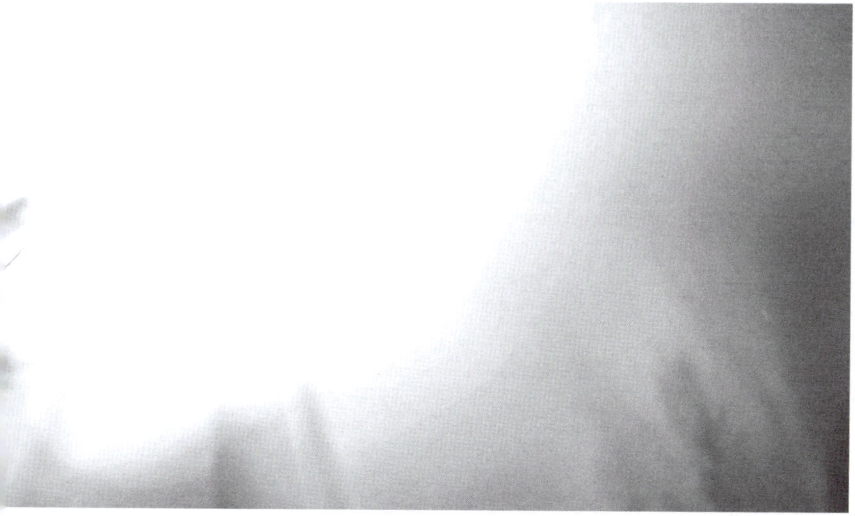

tro do orbe terrestre. **Nenhuma força será capaz de desviar a atenção daqueles que perseveram na estrada segura do Evangelho-Apocalipse de Jesus, nosso Mestre e Amigo.**

O alertamento aos povos é para que pensem na Humanidade de Cima influenciando sobremaneira a humanidade da Terra. As populações intuitivamente buscam afinidade superior para proteção e misericórdia na transição do ciclo apocalíptico. E, de acordo com a intensidade de suas súplicas aos Poderes dos Céus, os problemas serão abatidos, postos em plano secundário, em solução rápida aos olhos humanos.

# 9

# Sublime Amor do Novo Mandamento de Jesus

*Amai-vos como Eu vos amei. Somente assim podereis ser reconhecidos como meus discípulos, se tiverdes o mesmo Amor uns pelos outros. Não há maior Amor do que doar a própria vida pelos seus amigos. Porquanto, da mesma forma como o Pai me ama, Eu também vos amo. Permanecei no meu Amor.*

(Evangelho de Jesus, segundo João, 13:34 e 35; 15:13 e 9)

## O legado do Divino Mestre

Jesus, quando veio à Terra, deixou um legado muito grande: a libertação espiritual das criaturas humanas por meio da vivência do Amor Fraterno e Divino.

## Sintonia do Amor de Jesus

Colocar o mundo na vibração do Novo Mandamento de Jesus é antídoto imprescindível para todos os males. Novo Mandamento, Mandamento Novo! **Nada é tão importante quanto estarmos na sintonia do Amor de Jesus!**

# Identidade do Cristo

Produzir o Amor Divino é uma responsabilidade somente avaliada pelo próprio Cristo. Quem o faz recebe a identidade Dele.

A força do ilimitado poder chamado Amor Universal é a única saída para os governantes do planeta Terra. Pensemos, pois, nessa chama de Fraternidade Ecumênica como instrumental que agrega todas as ferramentas disponíveis para a construção da Cidade perfeita, a Comunidade dos Espíritos de Deus.

## É o Evangelho que fala mais alto

Brasileiros e estrangeiros de Boa Vontade unem-se pelo Amor do Novo Mandamento de Jesus: *"amai-vos uns aos outros como Eu vos amei"* (João, 13:34). É o Evangelho que fala mais alto. É o Cristo que concorre em primeiro lugar em nossos corações.

## Trabalho de paciência, perseverança, resignação e Boa Vontade

Lutamos pela implantação do Novo Mandamento de Jesus na Terra todos os dias, todas as horas. Trabalho que exige paciência, perseverança, resignação e Boa Vontade.

# A convocação continua, a peregrinação se intensifica

*E, tomando um pão, havendo dado graças, o partiu e o serviu aos Discípulos, recomendando: "Isto é o meu corpo oferecido em favor de vós; fazei isto em memória de mim".*
(Evangelho do Cristo, segundo Lucas, 22:19)

Queridos Amigos e Irmãos da Boa Vontade de Deus, que pacientemente me ouvem, me leem, quanto temos que trabalhar, que esclarecer, que amar para que os corações endurecidos pelas pedras da vida sejam libertos da ignorância espiritual, que ainda assola a maioria dos que habitam o planeta Terra.

**Sentir o Novo Mandamento de Jesus — *"amai-vos uns aos outros como Eu vos amei"* — e laborar por ele em todos os momentos é tarefa urgente, é serviço apostolar** que junta crenças, ideologias, corações no caminho da melhoria contínua dos caracteres humanos.

Por isso, ó jovens que pertencem à Grande Família Humanidade, a convocação continua, a peregrinação se intensifica, trabalhando sem excluir quem quer que seja. Comecemos em nosso lar, santificado lar, que Jesus abençoa todos os dias, porque é Pai e deseja, no exercício de Sua Paternidade, ofertar-lhes o braço condutor de Seu Divino Vaso Físico Universal, permeando sentimentos, melhorando corações.

# 10

# Por uma Economia mais bem dirigida

*Não ajunteis tesouros na Terra, onde a traça e a ferrugem consomem, e onde os ladrões escavam e roubam; ajuntai, pois, para vós tesouros no Céu, onde nem a traça nem a ferrugem consomem, e onde os ladrões não escavam nem roubam. Porque, onde estiver o vosso tesouro, aí estará o vosso coração.*

(Evangelho de Jesus, segundo Mateus, 6:19 a 21)

# Padrão de lucro que traz a derrota

Atualmente, tudo gira em torno do mercantilismo, como nunca antes se viu. Esse mesmo padrão de lucro, inserido nos objetivos dos seres humanos, será o grande mote da derrota de homens e mulheres não integrados na Vida Eterna. A Palavra do Cristo continua ressoando como nunca: *"A César o que é de César e a Deus o que é de Deus"* (Evangelho de Jesus, segundo Mateus, 22:21).

# Economia da Solidariedade inspirada em Jesus

Os governos do mundo, salvo raras exceções, ainda são materialistas: buscam tão somente a solução dos problemas de ordem material. Eles consideram que controlar uma Economia usando apenas fatores estabelecidos nos fundamentos do materialismo significa governar bem. Terrível engano!

A maioria dos seres humanos ainda está para descobrir as bases da verdadeira Economia. Essa que é inspirada em Jesus e Suas Leis: ***"A Economia da***

***Solidariedade Espiritual e Humana, como Estratégia de Sobrevivência”*** [1].

Enquanto a criatura não compreender que somente reflete, ainda que imperfeitamente, um poder concedido pelos que governam a humanidade mais acima dela; não entender que existe um Mundo Espiritual ativo que a acompanha de perto, será muito difícil manter seu caminhar sustentável na Terra.

[1] ***“A Economia da Solidariedade Espiritual e Humana, como Estratégia de Sobrevivência”*** — Leia sobre essa proposta pioneira, lançada por Paiva Netto na década de 1970, na obra de sua autoria *Jesus e a Cidadania do Espírito* (2001), no capítulo “Economia: a mais espiritual das ciências”.

# 11

# Mudança de mentalidade

*(...) Aquele que está assentado no trono disse:*
*Eis que faço novas todas as coisas. E acrescentou:*
*Escreve, porque estas palavras são fiéis e*
*verdadeiras.*
(Apocalipse de Jesus, 21:5)

# O mundo é do Cristo

Aos que trabalham nas Lides da Boa Vontade de Deus, os nossos votos de perseverança, resultado da Fé inabalável em Jesus, o Senhor da Paz, na certeza de que, diante das dificuldades diárias que todos passam, as Falanges Benditas do Bem permanecem ativas, trabalhando e confraternizando com esses Irmãos e com todos os que compõem as equipes da Boa Vontade Mundial. Porque **somente a vitória interessa a Jesus Salvador**.

Os Amigos do Espaço se fazem presentes nos ambientes e nos corações dos que se ligam à Pátria Espiritual Superior! Intuímos e atuamos por intermédio de todos, quando integrados na mesma Corrente Espiritual Divina.

Por isso, **todos orando, no Céu e na Terra, e trabalhando, vigiando pelo desenvolvimento dos povos, na melhoria de seus corações, no aperfeiçoamento de suas mentalidades**. Porque o mundo é do Cristo, por mais que ainda não pareça. O mundo é Dele e Ele permite que cada um se revele até que dá um basta e vêm as tribulações aguardadas, a partir do Armagedom (Apocalipse, 16:16), conforme a Religião Divina tanto prega, alertando e elucidando a humanidade.

# Trabalho de prevenção

Queridos Irmãos, o grande e tão necessário trabalho da Religião de Deus, do Cristo e do Espírito Santo é o da prevenção. Ela facilita aos seres da Terra entrarem no eixo vibracional que comporta os Espíritos mais elevados.

Se colocarmos homens e mulheres, os governantes na faixa vibracional do Cristo, teremos uma mudança de mentalidade. Assim, a prevenção de muitos males terá sido feita.

Semeemos a couve, mas jamais deixemos de plantar o carvalho[1], dístico muito bem empregado pelo velho Rui. Mote de grandes realizações, esse símbolo realmente resume a missão redentora das Instituições da Boa Vontade de Deus.

---

[1] Nota da Academia Jesus, o Cristo Ecumênico, o Divino Estadista
Pensamento de Rui Barbosa (1849-1923): *"(...)* ***Uns plantam a semente da couve para o prato de amanhã; outros, a semente do carvalho para o abrigo do futuro.*** *Aqueles cavam para si mesmos. Esses lavram para o seu país, para a felicidade dos seus descendentes, para o benefício do gênero humano".* A partir desse pensamento do grande jurista e diplomata e considerando as necessidades emergenciais dos povos, Paiva Netto concluiu: *"Nos complexos tempos atuais, prezado Rui, há que se fazer os dois serviços em paralelo: plantar a semente do carvalho, cuja sombra acolhedora se projetará sobre as gerações posteriores, e semear o alimento de agora para as barrigas vazias".*

# Segurança originária do Evangelho-Apocalipse

Pobre humanidade que, desatenta, desafia as Hostes do Cristo. E, por permanecer brincando, demora para entender a magnânima transformação que ocorrerá visivelmente com maior força e amplidão entre os que governam e os que são governados por toda a parte.

Apenas a segurança originária do coração ligado às bases do Evangelho e do Apocalipse de Jesus nos levará a sobreviver aos eventos tenebrosos que ainda se darão sobre a face da Terra.

**Bendita Religião do Amor Universal que não se cala, que proclama, que brada, alto e bom som, os caminhos que conduzem à verdadeira salvação, à redenção das Almas!**

# 12

# Agenda Espiritual

*Desci do Céu, não para fazer a minha própria vontade, e sim a Vontade Daquele que me enviou.*
(Evangelho de Jesus, segundo João, 6:38)

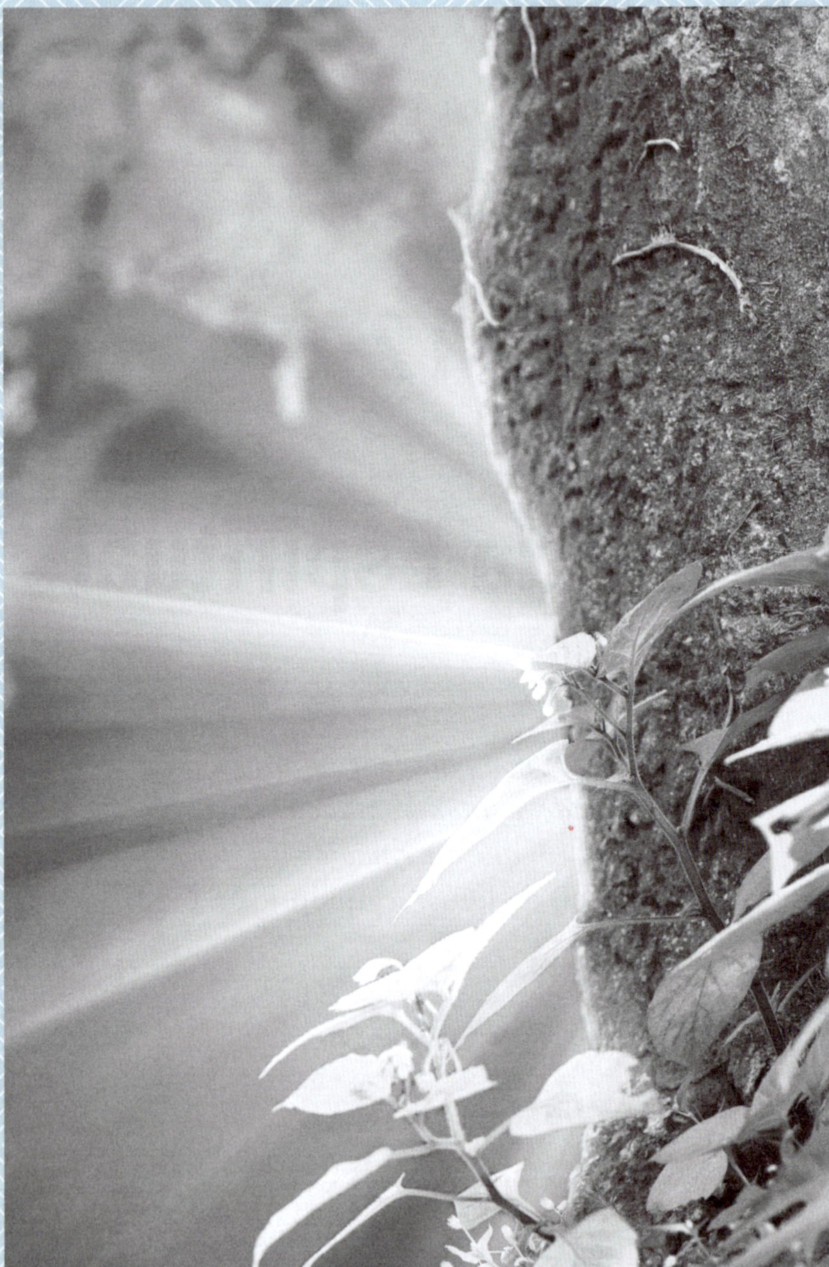

# Falem do Amor de Deus

Atraímos as Vibrações Celestes com a pregação sobre aquilo que há muitos séculos trazemos na Alma, de muitas vidas que passamos juntos. Quando Deus reúne Almas para o labor, para a missão, elas são iluminadas por Guardiães Celestes que ampliam as suas capacidades. Quando percebemos, estamos fazendo um trabalho tão importante aos Postulados Divinos, que as nossas potencialidades são afloradas de forma a cumprirmos a Agenda Espiritual traçada no Espaço.

Preguem! Falem do Amor de Deus! Proclamem o Novo Mandamento de Jesus! Abram o Evangelho do Cristo, abram as joias dos livros da Literatura da Boa Vontade! Falem da Quarta Revelação, dos Pilares do Ecumenismo — tão bem descritos na Religião Divina —, que orgulham Espíritos de todas as crenças, evoluídos, que já estão em patamares mais acima, que fazem a condução de seus rebanhos de forma tão importante, unindo e jamais desagregando.

# Pequeninos, mas imprescindíveis

Ao entendermos a missão que recebemos, cada um com sua Agenda Espiritual, perceberemos que somos um pequeno parafuso da grande engrenagem que move o Universo Sideral. Pequeninos, mas imprescindíveis na conquista de novos horizontes, de espaços ainda ocupados pelo mundo da maldade, da desordem e da incompreensão.

Queridos Cristãos do Novo Mandamento, Nosso Mestre Jesus oferece-nos diariamente as mais amplas condições para que impulsionemos as maravilhas dos ensinamentos que a Religião Divina traz em sua essência. Contudo, por vezes, dispersamo-nos e desligamo-nos das mais importantes medita-

ções, deixando de lado a força permanente da Prece, que consubstancia em si mesma a indispensável conexão entre um Plano e outro.

Juntemos a Oração e a Vigilância[1], para que as Potências Divinas resplandeçam em nós, suplicando que os Anjos que guardam nossas mentes e, portanto, nossas Almas nos deem a oportuna intuição nesse conclave pessoal. Que esses Amigos Celestiais nos orientem na acertada condução de nossas vidas particulares e coletivas, gerando **o bem maior que é o justo desempenho do que agendamos no Mundo da Verdade** antes do retorno ao plano Terra!

---

1 **Oração e Vigilância** — Disse o Cristo em Sua Boa Nova, consoante Marcos, 14:38; e Mateus, 26:41: *"Vigiai* [trabalhai] *e orai, para não cairdes em tentação. O Espírito, na verdade, está pronto, mas a carne é fraca"*.

# Implantar o Novo Mandamento de Jesus na Terra

Nada faltará àquele que cumprir com honra e glória a Agenda Espiritual estabelecida no Mundo da Verdade. Cumpram as Leis de Deus, na fidelidade maior, e ainda as leis dos homens, pois o progresso material e espiritual das Instituições da Boa Vontade, que lutam para implantar o Novo Mandamento de Jesus na Terra, é de fato a grande segurança para todos os tempos.

# 13

# Servir é uma atitude sábia

*Vós me chamais Mestre e Senhor, e dizeis bem, porque Eu o sou. Ora, se Eu, sendo o Senhor e o Mestre, vos lavei os pés, também vós deveis lavar os pés uns dos outros. Porque Eu vos dei o exemplo, para que, como Eu vos fiz, façais vós também. Em verdade, em verdade vos digo que o servo não é maior do que seu senhor, nem o emissário maior do que aquele que o enviou. Ora, se sabeis estas coisas, bem-aventurados sois se as praticardes.*

(Evangelho de Jesus, segundo João, 13:13 a 17)

## Vencendo todas as Causas em Jesus

Respeitemo-nos reciprocamente, amando-nos uns aos outros como Jesus determinou. **Nosso trabalho é servir.** Assim fazendo, venceremos ao defender todas as Causas inspiradas em Nosso Senhor Jesus Cristo.

## Superar o insuplantável

Sejamos servidores capazes de suportar o insuportável e de superar o que se chama de insuplantável.

## Servidores do Cristo

Tudo é possível, caríssimos Irmãos, se realmente nos colocarmos na posição de Servidores do Cristo.

## Convocação Espiritual

Os motivos que nos elevam aos mais expressivos e calorosos momentos de Paz, a que o mundo ainda não soube descortinar, resumem-se em servir, segundo os ensinamentos do Cristo. Por isso, a convocação espiritual continua para os de bom senso, livres de algemas físicas ou mentais. Precisamos, em constante ascensão, nos integrar no Amor do Pai Celestial.

# Renovação espiritual e desafios

Se muitos soubessem de nossas lutas integralmente nesses mais de 100 anos no Mundo Espiritual, tremeriam de cima a baixo, principalmente, porque **quem serve ao Cristo serve verdadeiramente ao Cristo**. Somos designados a todo instante às mais difíceis realizações. E se não tivéssemos as forças renovadas pelo próprio Mestre Jesus, não seríamos capazes de enfrentar os desafios postos à nossa frente.

# Grande mote de nossas vidas

Façamos da palavra **servir** o grande mote, **um ideal de nossas vidas**. Quando servimos no trabalho do Cristo, temos os caminhos totalmente abertos para a verdadeira existência que sobejamente pedimos a Deus.

Que as Falanges da Boa Vontade, Colaboradores ininterruptos de todas as horas, os cubram de proteção bendita do Espaço Maior que nos abriga e acolhe!

Sejamos os instrumentos dentro da vitalidade do Amor Divino. Respiremos as Energias que vêm de Jesus. **As mãos gloriosas de Nosso Senhor Jesus Cristo nos amparam no trabalho do Bem e nos abençoam.**

## A bem-aventurança do cristão é servir

A maior bem-aventurança do cristão é servir ao Cristo e a Seus Emissários em todos os tempos. O que diferencia um Irmão, em todas as épocas, é sua fidelidade à Causa, principalmente quando a Causa é Jesus.

## Renascer diariamente

Trabalhar servindo a Jesus é renascer todos os dias.

# 14

# A Política de Deus

*A que é semelhante o Reino de Deus, e a que compararei? É semelhante a um grão de mostarda que um homem plantou na sua horta; e cresceu e fez-se árvore, e as aves do céu aninharam-se nos seus ramos.*

(Evangelho de Jesus, segundo Lucas, 13:18 e 19)

# A Política para o Espírito Eterno do ser humano

Iniciamos, com passos decisivos, a caminhada da Política de Deus[1] — a Política para o Espírito Eterno do ser humano, pregada e exemplificada pela Religião do Terceiro Milênio. É uma jornada que tem início pelo trabalho, pela oração, pelo exemplo de Boa Vontade.

Recebam a ajuda espiritual como amparo maior de nosso Mestre Jesus, para que tenhamos um *"país melhor e uma humanidade mais feliz"*, no dizer do Irmão Alziro Zarur (1914-1979), Fundador da LBV.

1 **A Política de Deus** — Leia mais sobre o assunto nas obras literárias do escritor Paiva Netto, a exemplo de *Jesus, a Dor e a origem de Sua Autoridade — O Poder do Cristo em nós* (2014).

# Integração Terra-Céu, Céu-Terra

Nenhuma questão social será resolvida com eficácia, se não houver a perfeita integração Terra-Céu, Céu-Terra.

# Modificações radicais

A Política de Deus, ainda não vivida no orbe terrestre, será o ponto culminante do Parlamento Mundial da Fraternidade Ecumênica, o ParlaMundi da LBV. Permaneçam atentos, com fidelidade e dedicação, orando e vigiando.

Jesus está trazendo modificações radicais para os rumos do planeta. Firmemo-nos todos em Sua Santa Doutrina.

# Todos se encontrarão na Seara da Política Divina

Ninguém deterá o estabelecimento da Política de Deus na Terra.

Não consideramos a existência de dois lados. Existe um lado somente: o da Verdade, pois a mentira não é lado, é uma falha ainda presente no caráter humano, que precisa ser corrigida.

Estamos em plena fase dos Pescadores do Evangelho. Temos que lançar as redes. A colheita, meus Irmãos, Jesus fará. Aqueles que forem iluminados pela afinidade com as Coisas de Deus, verdadeiramente, se encontrarão na Seara da Política Divina. Os que a abominarem, infelizmente, secarão como o galho retirado da planta. Como diz o Celeste Salvador: *"Eu sou a árvore, vós sois os ramos; quem permanece em mim, e Eu nele, dá muito fruto. Sem mim nada podereis fazer. Se alguém não estiver em mim, será lançado fora, como o ramo, e secará; e o colhem e lançam no fogo, e o queimam"* (Evangelho, segundo João, 15:5 e 6).

# Os jovens e a Política que tudo une e nada divide

Temos hoje uma condição maior de traduzir a Política de Deus sob os preceitos da Dialética da Boa Vontade, **que tudo une e nada divide**. Façamos dela a grande Política, com pregação equilibrada, mas vanguardeira, para a frente, das Instituições da Boa Vontade Mundial.

Convocamos os moços à batalha da implantação da Política de Deus: *"amai-vos como Eu vos amei"*, Mandamento Novo de Nosso Senhor Jesus Cristo!

# 15

# Espaço e Tempo

*Mil anos, aos olhos de Deus, são como o dia de ontem que se foi e como a vigília da noite. Ensina-nos, Senhor, a contar os nossos dias, para que alcancemos coração sábio.*
(Livro dos Salmos, 90:4 e 12)

# A vibração é que conta

O espaço é uma ilusão. Ele realmente não existe. E o tempo[1] é conduzido por nossa força perispiritual no Mundo da Verdade. Quanto maior for nossa vibração, mais rápido nos deslocaremos e alcançaremos nossos objetivos. Há Espíritos que levarão horas e horas para deslocamento de um ponto a outro; enquanto outros Irmãos, apenas alguns instantes.

1 **Espaço e tempo** — Em seu livro *Somos todos Profetas* (1991), nos capítulos "A questão do dia do Senhor" e, logo na sequência, "As fronteiras vibracionais do Universo", o escritor Paiva Netto faz ampla abordagem sobre o tema, pelo prisma da Espiritualidade Ecumênica.

# "Somos o próprio tempo"

A concepção do tempo é uma falácia, pois, se ele existisse, teríamos que admitir princípio, meio e fim. E no Mundo Espiritual apenas somos, somente existimos. Daí ser uma grande verdade esta apregoada por nosso Irmão Maior Paiva Netto: *"Integrados em Deus, somos o próprio tempo, somos a própria Profecia"*. Façamos, então, dos momentos em que são reservados ao Centro Espiritual Universalista da Religião de Deus, do Cristo e do Espírito Santo o tempo de ser, de fazer, de construir, de imantar, de solidificar pilares, vertentes da gigantesca e monumental pavimentação da Solidariedade Espiritual e Humana.

# Espírito não ocupa espaço

Podemos abrigar dentro de um auditório como este, da Igreja Ecumênica da Religião Divina em São Paulo, milhares de Almas, pois o Espírito não ocupa espaço em demasia. Sua camada vibracional permite a presença de numerosos Irmãos, sem problemas de aperto ou congestionamentos.

# Não há espaços geográficos entre Céu e Terra

Não há espaços geográficos entre o Céu e a Terra. A vibração individual e coletiva é que determina o tempo da reciprocidade, das existências dos Dois Planos.

# Como se mede a distância no Mundo Espiritual

No Mundo Espiritual, a distância se mede pelo estado de espírito, da vibração do Ser no Astral.

# 16

# O papel do Cidadão Legionário da Boa Vontade de Deus

*Vós sois a luz do mundo. Não se pode esconder a cidade edificada sobre um monte; nem se acende uma candeia para colocá-la debaixo do alqueire, mas no velador, de forma que ilumine a todos os que se encontram na casa. Assim brilhe também a vossa luz diante dos homens, para que vejam as vossas Boas Obras e glorifiquem a vosso Pai que está nos Céus.*

(Evangelho de Jesus, segundo Mateus, 5:14 a 16)

## Amigos de Jesus

No Mundo Espiritual, não há maior honraria do que ser um Cristão do Novo Mandamento, um Legionário da Boa Vontade, um Amigo de Jesus.

## Tocar o coração dos povos

Existe algo no Mundo Espiritual muito simples de entender. Se os que estão imbuídos de sentimentos mais altos de querer trazer os Assuntos Espirituais à Terra se concentram nessa tarefa, criam a canalização necessária para que os Espíritos, de todos os segmentos, desçam, tragam da Pátria da Verdade — fazendo uso da intuição dos perseverantes nos Temas Divinos — elementos preciosos para tocar o coração individual e coletivo dos povos.

# Austeridade, misericórdia, equilíbrio e fidelidade

No decorrer dos tempos, Jesus, nosso Mestre Bendito, permite a regeneração de povos nos mais diversos ramos do saber. Sem subjugar ninguém, cria condições favoráveis a todos os que passam pela Terra. Analisando bem, a humanidade, distante do Amor do Cristo, é que interfere na velocidade da evolução, o que entristece em demasia nosso Pai Celestial.

Na grande oportunidade dos milênios, num fim de ciclo conturbado, multidões de seres pensantes distanciam-se da Luz de Seu Amor.

Nesse panorama mundial, o papel do Cidadão Legionário da Boa Vontade de Deus é de austeridade, de misericórdia, de equilíbrio e de fidelidade.

Toda intempérie do cotidiano será pequeníssima demais diante da enorme tormenta que envolverá as nações no final dos tempos.

**Corrigir os maus hábitos** — aperfeiçoando a compreensão, melhorando o comportamento e possuindo a Fé viva nos valores espirituais — **é caminho seguro a ser perseguido incessantemente.**

A dor batendo à porta de nossas vidas encontrará o sentimento do Amor uníssono em Deus.

**Crescer o grau de Sabedoria Espiritual é verdadeiramente sadio. Entretanto, utilizar o conhecimento adquirido para a redenção dos seres ainda errantes é Divino.**

# A missão da Quarta Revelação é apoteótica

Nossa experiência demonstra, ao longo de tantos anos no Mundo Espiritual, que os equívocos na Terra continuam gigantes quanto à existência do Mundo da Verdade ou Mundo Original.

A missão da Quarta Revelação — a Religião de Deus, do Cristo e do Espírito Santo — é apoteótica e, assim, **os entraves do dia a dia jamais serão maiores que a vitória no Reino de Deus**. Por isso, meus Irmãos, não esmoreçam, não reclamem,

não hesitem, enfim, não recuem. Afinal, amparando suas vidas, temos sempre à disposição de todos o esclarecimento espiritual necessário a qualquer apontamento que da Terra dirigirem ao Céu.

Os Espíritos dispostos e predispostos de Boa Vontade desejam visitá-los, são Almas que os amam. Portanto, merecem a oportunidade de serem recebidos.

Observem o final de épocas e fases que não voltarão. Reparem nas que hão de iniciar com a Bandeira altíssima do Novo Mandamento do Cristo. Peçamos a Deus o ensejo de termos coparticipação neste novo porvir.

# Interiorizar os Preceitos Divinos

Vivemos em constante busca do discernimento espiritual para encontrarmos a grande Luz do Universo: Deus!

Percebemos que a humanidade amadurece na dor ou no Amor.

Para onde iremos?

O Verbo que se fez carne[1] nos convida a refletir e a nos integrar no sentimento mais puro e intocável. O mergulho do pensamento nos Assuntos do Espírito é o espelho refletidor de nossas ações, atitudes, de como nos conduzimos nessa existência.

Virando o século de angústias, o porvir do Amor brilhará na Terra, lugar ainda de provas e expiação. A Voz do Além não calará no planeta azul, somente principia nova fase aos olhos do mundo.

---

1 ***"O Verbo que se fez carne"*** — Evangelho, segundo João, capítulo primeiro, versículo 14: *"E o Verbo* [Jesus] *se fez carne e habitou entre nós, cheio de graça e de Verdade, e vimos a Sua glória, glória como do Unigênito do Pai"*.

Que persistam os bons pensamentos em favor dos povos, das gentes, sendo estas amigas ou não tão próximas! Somos úteis a Deus igualmente.

O Brasil e o mundo ouvirão nossas maiores provas de atenção aos Assuntos Espirituais. Jesus deseja a convicção desprovida de condições e cláusulas.

Somos atendidos pelos Falangeiros do Bem. Aceitemos a participação do Plano Superior em nossas vidas e **condensemos a esperança no dia de amanhã, de cabeça erguida, enfrentando o mar revolto** e superando nossas aparentes fraquezas.

De nosso vocabulário a palavra doença é convidada a se retirar, pois **o Cristo Jesus em definitivo cuidará de todos os Irmãos que suplicam Sua Presença Bendita**.

# A Pátria que não possui fronteira

A Religião de Deus, do Cristo e do Espírito Santo, por si só, é reconhecida como a Pátria que não possui campo geográfico materializado, não tem divisas materiais. No entanto, seus “limites” rompem a fronteira da palavra chamada fim.

# 17

# Prece: a maior força que podemos gerar

*Em verdade, em verdade vos digo: se pedirdes alguma coisa ao Pai Celestial, Ele vos concederá em meu nome. Até agora nada tendes pedido em meu nome; pedi e recebereis, para que a vossa alegria seja completa.*

(Evangelho de Jesus, segundo João, 16:23 e 24)

# Oração — um pacto com Forças Invisíveis

Pela Prece buscamos o Reino de Deus e a Justiça Dele, e as coisas materiais por consequência são atingidas. Poucos percebem seu valor, seu poder, maior que o da bomba nuclear. A Oração feita com sinceridade e lealdade representa um compromisso, um pacto com Forças Invisíveis capazes de nos transformar, além de modificar o mundo à nossa volta. O exercício da Prece nos faz alcançar *"A Fórmula Urgentíssima de Jesus"*[1]: *"Buscai primeiramente o Reino de Deus e Sua Justiça, e todas as coisas materiais vos serão acrescentadas"* (Evangelho de Jesus, segundo Mateus, 6:33).

1 ***"A Fórmula Urgentíssima de Jesus"*** — Assim foi definida pelo saudoso Irmão Alziro Zarur (1914-1979), Proclamador da Religião de Deus, do Cristo e do Espírito Santo, a referida passagem do Santo Evangelho de Jesus. Paiva Netto, Presidente-Pregador da Religião Divina, a nomeou ainda como *"A Fórmula Urgentíssima* ***Econômica*** *do Cristo"*.

## Instrumento inteligente

A Oração é o instrumento inteligente do ser humano prático.

## Orar não é perda de tempo

A inoperância está em não fazer Prece.

# A Prece do trabalho no Bem

A Prece não significa reservar horas de conversação. Parar e refletir em comunhão com os Céus é salutar e necessário, mas **todo o tempo no trabalho do Bem é igualmente belíssima Oração.** Estaremos, assim, ligados ao Pai Celestial pelo pensamento e pelas Boas Obras.

# Fechar os olhos não significa falar com Deus

Muitos invocam os Espíritos, mas nem sempre os de elevado quilate do Mundo da Verdade. Pensam que o simples fechar de olhos significa contato com os Amigos de Deus. Mas e a Alma do suplicante? Estará em condições vibratórias de receber o Amparo Divino ou estará inadvertidamente atraindo as forças inferiores, com atos que desonrem sua condição de filho do Altíssimo? Quantas vezes, mesmo de olhos abertos, as Almas sinceras ressoam no Mundo Espiritual com muito maior fortaleza! Não é, pois, a interferência da luz, da televisão, do rádio ou de outros tipos de aparelhos, ecoando de forma negativa ou positiva no ambiente, que, na essência, vá se interpor ao contato conosco, mas sim o estado de alma, a sinceridade de coração.

# O maior dos poderes

A Prece estabelece a sintonia e nos leva à vivência do Evangelho-Apocalipse na construção de *"um Brasil melhor e de uma humanidade mais feliz"*.

Quantos de nós acreditamos nela, de verdade, a exemplo do que Jesus, por intermédio de Tiago, nos ensinou? Disse o Apóstolo em sua Epístola, 5:16: *"(...) Muito pode, por sua eficácia, a súplica do justo"*.

O maior de todos os poderes é realmente o da Oração. Ela, sim, é o Poder. Vence qualquer bomba nuclear. No Mundo Espiritual, a força da Prece é o primeiro ensinamento da evolução. Mas por que ela é Poder? Por quê?

Todos fomos criados pelo Cristo. Temos um Pai. Portanto, devemos a Ele a satisfação de nossos atos de ontem, de hoje e de amanhã. Trata-se, agora mais do que nunca, de um sério compromisso.

# A intuição advinda da Prece leva-nos à vitória!

Imaginem vocês se todos os Irmãos Cristãos do Novo Mandamento de Jesus, inscritos ou não na Religião Divina, que participam de alguma forma nos arraiais das Campanhas da Boa Vontade, pensarem mais no Poder da Prece e a cultivarem, de coração! Vislumbrem o que poderá acontecer de grandioso!

A Prece nos leva à integração com Deus. Por que nos ligarmos a Ele? Ora, estabelecer esse intercâmbio é descobrir o oculto. Qual o maior obstáculo na hora de realizarmos nossas tarefas na propagação do Evangelho-Apocalipse? Não é descortinar o que

está velado nos seres humanos, para tocarmos as suas Almas para a prática do Bem? Não é fazer a humanidade evoluir, colaborando, ao mesmo tempo, com a digníssima Religião do Terceiro Milênio?

Podemos falar de **outra consequência da Prece: a intuição**! E qual é sua finalidade em nossas campanhas? Ora, nós a queremos para não perder tempo e falar só o necessário, isto é, aquilo que esteja determinado espiritualmente para cada um dos abordados em nossos trabalhos, em nossas reuniões, em nossas locuções.

Pois bem, **a intuição, advinda da Prece**, no ambiente elevado de cada área de nossos empreendimentos, **leva-nos inteiramente à vitória**. E isso tanto é eficaz em nossos trabalhos quanto o é em nossas vidas particulares.

# Para orar não é preciso parar

Recebam e percebam as intuições dos Irmãos Espirituais. Elas são fluidos transformadores de homens e mulheres, na descoberta e no emprego de suas grandes capacidades.

No Mundo Espiritual Elevado, a Oração representa cerca de 100% de nossas atividades. **Não fazemos nada sem estar com o pensamento elevado a Deus.**

Não precisamos parar para orar. Ocorre que a grande maioria não sabe mesmo o que é uma Prece. Mas, à medida que o Espírito evolui, ela passa a ser — em todos os momentos dele, de suas conversações e atos — uma **ponte iluminada de Energia e de Amor pragmático**.

Seus corpos brilham à medida que vocês mais impulsionam a emoção e a Fé naquilo que fazem.

Perdoem-me algumas rápidas explicações, contudo, nas condições em que ora nos encontramos, precisamos ser práticos, objetivos. E assim vocês têm de ser dentro da Espiritualidade sempre necessária. Como ensina a Religião do Terceiro Milênio, se Educação e Cultura são tão necessárias aos povos, **não podemos prescindir da Espiritualidade**[2].

[2] O Irmão Dr. Bezerra de Menezes refere-se a um dos postulados do educador Paiva Netto sobre o tema, a exemplo deste: *"A Educação existe para libertar o ser humano. Mas, com a indispensável Espiritualidade, o sublima. Eis a Pedagogia de Deus, que prepara o indivíduo para viver a Cidadania Ecumênica, Planetária, firmada no exercício pleno da Solidariedade"*.

# Não podemos orar de modo mecânico

O grande segredo de uma Prece é percebermos nosso estado de disposição íntima após fazê-la. Para saberem se o objetivo foi alcançado, basta que vocês observem como ficaram após entoá-la. A disposição de que falo é a própria felicidade interior que a Prece proporciona.

Muitos fazem "prece" e depois vão dormir despreocupadamente. Outros, quando acordam, por exemplo, oram apenas se alguma coisa está ruim e não buscam uma solução adequada. Nada fazem pela resolução de seus problemas. Não podemos orar mecanicamente e achar que isso basta. Jesus já

deixou a fórmula: *"Orai e vigiai"* (Evangelho, consoante Marcos, 14:38; e Mateus, 26:41).

Mantenham alegre o ambiente de vocês, decididamente positivo. Não permitam tristezas ou que pessoas fiquem lamurientas, ociosas, em suas lides diárias. Isso representaria um estrago inestimável para todos. Se a criatura não estiver bem, deverá ser caridosamente ajudada a fim de se recuperar o mais breve possível.

Sintam a Prece e o efeito dela. Quando a ela me refiro ser uma atitude permanente, digo que **devemos manter o ambiente em perseverante contato com as Forças Espirituais Superiores, de modo que a intuição nos abençoe com as soluções** que sejam as melhores para a nossa jornada na Terra.

## Acalento da Prece

A Prece depura o Espírito e nos acalenta na hora do sofrimento.

## A Justiça de Deus e a Oração

A Justiça de Deus se faz presente na Oração.

# Mudar os hábitos

Nas fases de profundo sofrimento, em que o Espírito suplica ao Redentor piedade e sustentação, fontes invisíveis derramam a água torrencial do Amor de Deus sobre nossa existência terrestre. Contudo, **a incomensurável força que nos reporta do Santíssimo solicita nossa renovação: mudar para melhor os hábitos, os pensamentos e as ações.**

O Amor vencerá sempre, e, por isso, a dor será motivada a desaparecer de nosso ainda atribulado caminho.

# O alívio das mais difíceis angústias

A Oração é um ato por demais importante na vida das criaturas. Falamos nela. Pedimos. Sempre a recomendamos, pois a **Prece** é o **instrumento capaz de aliviar as nossas mais difíceis angústias**.

# Harmonização plena

A humanidade, independentemente de crença, religião, valores ou daquilo mais que queira ser considerado, procura o equilíbrio. E a Prece, com a grande Fé e a imensa devoção Àquele que nos acompanha, representa o caminho da harmonização plena, pelo qual conseguimos controlar nossos instintos.

## Pai Jesus, interceda por nós!

Divino Mestre Jesus, sentimos Sua Misericordiosa Caridade a se expandir em nossos pequeninos, mas leais Espíritos, que apenas desejam cumprir suas tarefas assumidas no Mundo Espiritual. Que possamos perceber Seu olhar, tocar Suas Sagradas Vestes! É o que nos basta.

Com a intercessão de Sua querida Mãe, Maria Santíssima, elevamos nossos pedidos antes de adentrarmos a Igreja Ecumênica, Território Sagrado da Religião de Deus, do Cristo e do Espírito Santo, prontos a servir, auxiliando os que apresentam sua Fé e imantam nossos ambientes.

Pai Jesus, interceda por nós junto de Deus! Mande-nos a fortaleza de Sua existência, jorrando, em todos os locais sagrados da Religião do Amor Universal, a egrégora do Seu Mandamento Novo — *"amai-vos uns aos outros como Eu vos amei"*. Mandamento, Jesus, que se resume na ordem e pela ordem, a partir da qual teremos a tão almejada Paz, fundamentada na Justiça do Seu Evangelho que nos conduz.

Mestre Amado, Todo-Poderoso, Quem criou o planeta Terra pode curar quaisquer doenças e apontar soluções imediatas para todos os problemas ou obstáculos.

A emergência do planeta Terra só possui o caminho dos Seus braços, Divino Mestre.

Hoje, quando São Paulo, o Estado Bandeirante, comemora mais um aniversário, aqui na Bahia[3], nesta data, 25 de janeiro de 2003, sábado, trazemos a Mensagem do Grande Bandeirante e Iluminado Criador da Terra, Jesus, o Cristo de Deus.

As vibrações celestiais, entrelaçando-se com o Templo da Boa Vontade, em Brasília, o Templo do Amor Universal, consagram os Espaços Ecumênicos da Religião Divina à Religião da Verdade.

Encontramo-nos mais leves. Nosso pensamento recebe a intuição dos próximos passos a serem conduzidos por vocês em suas sacrossantas tarefas libertárias.

---

[3] Memorável reunião em que se manifestou o Irmão Dr. Bezerra de Menezes, dentro da Revolução Mundial dos Espíritos de Luz, na Quarta Revelação, na Igreja Ecumênica da Religião de Deus, do Cristo e do Espírito Santo, em Salvador/BA. Acesse www.ReligiaodeDeus.org e encontre o endereço do Espaço Sagrado da Religião Divina mais próximo de você.

A palavra a todos é FIDELIDADE com o espírito de União. Fidelidade, portanto, ao Cristo.

A União é a força capaz de transformar o celeiro da Bahia num reservatório estratégico ao Cristo de Deus.

Graças, Divino Mestre, pelo apoio incondicional que sentimos ao dirigir essas palavras informais ao Seu generoso e imenso coração.

Intenso Sol da Caridade, estabeleça o entendimento e a Boa Vontade nas Almas dos que governam a humanidade. A guerra somente atrapalha a evolução humana. Queremos a Paz, lutamos e vivemos por ela. Respiramos a Paz que Jesus nos deixou com todas as suas letras, dentro do Evangelho-Apocalipse para os Simples de Coração.

Sejamos Servidores, ontem, hoje e sempre, porque o Cristo nos espera com os braços abertos, torcendo pela vitória íntima e coletiva de todos nós.

# 18

# Anjo da Guarda e Ajuda Espiritual

*Pai, já não estou no mundo, mas eles continuam no mundo, ao passo que Eu vou para junto de Ti. Pai Santíssimo, guarda-os em Teu nome para que eles sejam UM, como nós somos UM.*
(Evangelho do Cristo, segundo João, 17:11)

## Os Espíritos de Deus não são meros espectadores

A Humanidade de Cima dos Planos Elevados não possui papel secundário junto aos seres humanos. Ela é constituída por laboriosos Amigos que, por diversas maneiras, se dirigem aos queridos Irmãos e às estimadas Irmãs: às vezes, por intuição, quando não temos tempo nem ensejo para outro tipo de comunicação direta; em outras oportunidades, por meio de ações simples.

Estejam sempre receptivos a esses Companheiros Espirituais, que querem ajudá-los.

A grande luta do final do ciclo apocalíptico é realmente uma intervenção do Campo Espiritual sobre o material. Nossa missão é espiritualizar o mundo, vencendo o materialismo.

# Sejamos antenas do Bem

Pedimos a todos que sejam realmente acessíveis aos Amigos de Cima. Deem a eles ensejo para atuar beneficamente sobre cada um, nada mais. O restante — as dores e as alegrias — é da contingência humana, natural nas vidas sucessivas. Hoje choramos, amanhã nos alegramos e vice-versa. Isso faz parte de nossa elevação espiritual.

## Lázaros redivivos

Da mesma forma que na ressurreição de Lázaro, comoventemente narrada no Evangelho de Jesus, segundo João, capítulo 11, assim serão todas as existências, redivivas sem temor, se soubermos conviver sabiamente com a plêiade de Irmãos do Mundo de Paz, Mundo Espiritual Superior.

## Tocar a campainha no Além

Não se furtem em nos chamar. Para tocar a campainha no Além, basta somente elevar o pensamento até nós. Essa é a ligação pragmática com o Bem.

## Incessante atividade do bem-servir

Os Amigos do Espaço Elevado permanecem em atividade na Terra a zelar incessantemente por todos, de acordo com o merecimento de cada um.

## Queiramos a ajuda dos Falangeiros do Bem

Os Espíritos da Boa Vontade de Deus sempre atuam em nossas vidas. Quando queremos que eles participem, o resultado é o melhor possível.

# Grande estado de prontidão no Céu

É muito importante que todos, a partir das crianças e dos jovens, tenham sempre uma grande consciência do cumprimento dos deveres que lhes cabem na Seara de Deus. Na Esfera Superior, velamos dia e noite pelo crescimento de cada um. Anjos Guardiães trabalham incessantemente para sustentar, nas inspirações mais elevadas, a individualidade daqueles que estão servindo. Mas é preciso que todos na Terra também assim o façam na conexão superior com a Espiritualidade.

**O estado de prontidão no Mundo Espiritual é muito grande e desejamos ajudar.** Por isso, o porto da consciência dos queridos Irmãos precisa estar aberto. Do contrário, o navio não atraca. E a embarcação não está chegando com poucos colaboradores, mas com muitos. **São miríades de miríades de Espíritos escolhidos a dedo pelo próprio Cristo para auxiliá-los.** Contudo, é necessário primeiramente que cada um acredite nas Presenças Espirituais.

# Atração inevitável

Elevem suas Almas aos Amigos Espirituais que protegem a Religião de Deus, do Cristo e do Espírito Santo. Ratifiquem com seus Anjos Guardiães a comunhão capaz de somar mananciais de atividades, reservatórios de ações, consistindo no crescimento individual e coletivo de vocês, queridos Irmãos, que passam por nosso caminho, no plano pessoal, profissional e também no espiritual.

## Almas boníssimas

Pensem forte nos Anjos Guardiães. Pensem mesmo! A atração é inevitável. A companhia de um Espírito de Luz é certa. **Lembremo-nos dos Espíritos já conhecidos de todos vocês**, que sejam consideradas Almas boníssimas. **Certamente eles virão ao seu encontro.**

## Protetores Espirituais

Harmonizem ainda mais seus sentimentos, invocando a preciosa cooperação de seus Protetores Espirituais. Estes contam com a nossa infinita gratidão por embalar, acolher e perseverar juntamente com cada um de nós.

# Intuição e Mediunidade

Se é compulsória a presença dos Espíritos junto aos encarnados, então os Assuntos Espirituais também o são. Temos de ser espontâneos em relação a nossas intuições. Por vezes, podemos até parecer incoerentes ao raciocinarmos diferente do conjunto, da lógica aparentemente correta do momento, mas já disse e repito a todos: **a intuição é a mais instantânea forma de Mediunidade**. Por isso mesmo que a ligação de todos deve ser com os Bons Espíritos.

# Ouçamos a Intuição Divina

Constantemente somos influenciados por forças benignas ou malignas. Entretanto, **se buscamos a Coerência Divina, os Espíritos de Deus serão os nossos inspiradores**. São os que nos orientarão nos momentos de angústias e dores. Trata-se dos Espíritos Preventivos (nossos Anjos da Guarda). Ora, se andarmos com os Espíritos de Luz da Prevenção contra o erro, quem nos deterá?

Na Terra, trabalha-se muito sob as circunstâncias, ao sabor das consequências. Que tal mudarmos o foco para as causas? Para isso, precisamos da harmonia e da dedicação de todos, para que os Espíritos de Deus possam melhor ajudá-los pela intuição. E não temam os pensamentos que lhes vierem à mente, mesmo que sejam para estudos, reflexão[1]. Se não forem proveitosos, tiraremos do caminho. Porém, **sempre algum recado** ou ensinamento **podemos assimilar dessa conexão permanente entre Céu e Terra**. Tudo isso de forma bem tranquila, sem nada forçar.

---

1 *"Examinai tudo. Retende o Bem"* (Primeira Epístola de Paulo Apóstolo aos Tessalonicenses, 5:21).

# A perseverança do Soldado de Deus

Conversemos mentalmente com nosso Anjo da Guarda mais próximo. A ele revelemos nossas indagações, nossos fraternos argumentos que denotam, sobretudo, esclarecimentos no processo do porvir, lembrando que **os deveres assumidos no Espaço não cessam nem com a chamada morte do vaso físico.**

Esses Amigos Invisíveis de todas as horas apelam somente para que a perseverança reine no Espírito do Soldado de Deus para o perfeito cumprimento da missão.

# Chamem-nos!

Muito temos falado com vocês sobre o trabalho dos Anjos Guardiães na vida de cada um. E uma grande satisfação é sabermos que esses Protetores do Céu aguardam sempre o chamado de seus corações, de suas Almas para melhor atuarem em benefício de todos. **Chamem-nos e aqui estaremos para o trabalho do Bem!**

# Modelo de civilização adequado

A presença de talentosos Espíritos da Humanidade Superior, próximos de todos nós, demonstra-nos que a Caridade Completa é a ferramenta capaz de construir o modelo de civilização adequado ao planeta Terra. Bendita Caridade do corpo e da Alma proclamada por nossa amantíssima Religião de Deus, do Cristo e do Espírito Santo, em prol da vida dos seres humanos!

# Marketing também para os Espíritos de Deus

Vivemos momentos apoteóticos. As reuniões do Centro Espiritual Universalista da Religião de Deus, do Cristo e do Espírito Santo darão muito impulso aos trabalhos dos Espíritos. E eles precisam saber se os que estão no mundo querem integralmente sua aproximação. Esse é o ponto que inicia tudo. **Os Espíritos** possuem afinidade de acordo com os pensamentos e os atos de todos, mas **não dispensam que as Almas na Terra proclamem suas necessidades**. Mesmo porque temos de criar o marketing, esse nome que está tão em voga. Marketing também para os Espíritos de Deus. Façamos o chamado lobby, esse instrumento de persuasão que os de baixo precisam cada vez mais ampliar com os que se encontram no Mundo Espiritual Elevado. É a cumplicidade apontada tão brilhantemente pelo **nosso Irmão Maior Paiva Netto**, desejando que os Espíritos, reencarnados e desencarnados, a tenham, quando **afirma que é preciso haver uma espécie**

**de Itamaraty entre Dois Planos**[2] **— Material e Espiritual**. Gostaria imensamente que todos compartilhassem disso, pensando fervorosamente no assunto. É um passo realmente extraordinário na busca de conquistas maiores.

---

2 **Itamaraty entre Dois Planos** — No terceiro volume das *Sagradas Diretrizes Espirituais da Religião de Deus, do Cristo e do Espírito Santo* (1991), escreve Paiva Netto: *"é preciso surgir uma convivência diplomática entre o mundo material, ponderável, humano, e o mundo imponderável, espiritual, estabelecendo um Itamaraty entre a civilização encarnada e a desencarnada a fim de unir as Duas Humanidades"*. Leia mais sobre o assunto no capítulo "O Pai Celestial é atividade", subtítulo "Diplomacia *inter personas* e Itamaraty das Duas Humanidades", da obra mencionada.

# "O Bem nunca será vencido pelo mal"

Os Espíritos se aproximam por atração. Se temos alguma coisa que não esteja em consonância com os Falangeiros do Bem, os do mal certamente vão comparecer. Aliás, talvez a única qualidade do mal seja a ousadia. Contudo, lamentavelmente, utilizam-se dela para tentar armar seus infelizes intentos. Devemos evitar isso, pois nenhuma conquista do mal será para a graça da criatura terrena. Porém, se estamos com Deus, a vitória é certa e será sempre aquela proclamada pelo Fundador da LBV, Alziro Zarur (1914-1979): ***"Atingir o equilíbrio é a meta suprema. O Bem nunca será vencido pelo mal"***.

# O mundo ficará completamente insano

Não importa que muitos pensem que vocês aparentam loucura, porque estão atrás do que "não existe", ao tratarem dos Assuntos do Espírito. O mundo é que ficará completamente insano, se não invocar ao Mundo Espiritual a presença daqueles que fazem o Bem, que trabalham para salvar a humanidade. Não somos perfeitos, mas entendemos que, sem a Boa Vontade, sem o Mandamento-Mor do Cristo, não somos absolutamente nada neste orbe.

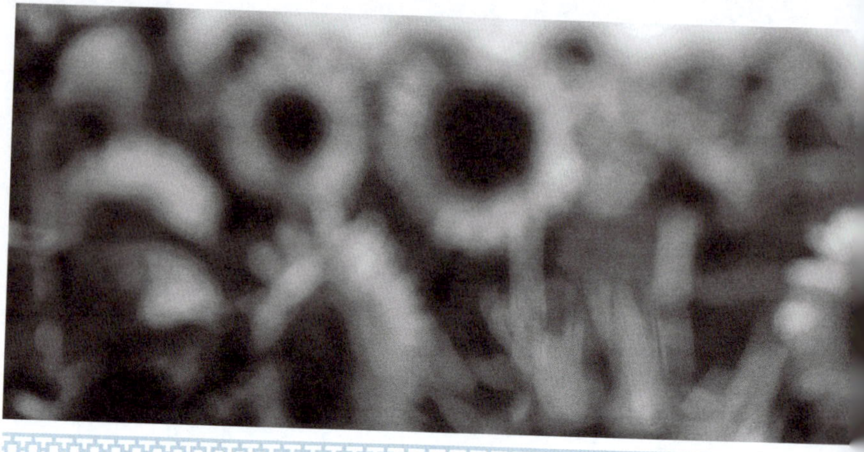

# A missão dos Espíritos não é agir por nós

O conceito de Caridade para o Mundo Espiritual é muito elevado. No entanto, não fazemos confusão entre a Caridade Verdadeira e aquela que se faz por obrigação.

Vejamos: dar o pão, o remédio, o peixe para saciar os instintos do ser humano é louvável, quando o fazemos no intuito de socorrer e de levantar, e não por hipocrisia, querendo nos desfazer de objetos em troca de aplausos ou em função do "desencargo de consciência". Mas, aliando o bom serviço e o estímulo da paciência em ensinar, a perseverança em esclarecer e o conforto dos corações a nos guiar,

resumimos a Caridade Completa — Material e Espiritual —, muito bem explicitada pela Dialética da Boa Vontade.

Faço uma junção do Anjo da Guarda ao espírito da Caridade Completa. O Protetor Espiritual ou como muitos o queiram chamar — Almas Benditas, Numes Tutelares, Espíritos Guias, entre outros nomes — é possuidor de extrema responsabilidade para com seu tutelado. Contudo, a grande falha de muita gente tem sido não compreender a missão dos Espíritos. Querem transferir ao Plano Invisível as responsabilidades pessoais de sua vida no mundo físico, esquecendo-se desta advertência de Jesus no Evangelho e no Apocalipse: *"A cada um de acordo com as suas obras"* (Boa Nova, segundo Mateus, 16:27; e Apocalipse, 22:12).

# 19

# Humildade e perseverança no Bem

*Bem-aventurados os humildes, porque deles é o Reino do Céu. Bem-aventurados os pacientes, porque eles herdarão a Terra.*
(Evangelho de Jesus, segundo Mateus, 5:3 e 5)

# Não adianta ter perseverado até ontem

Jesus nos concede a comunicação, a palavra, a língua, o rádio, a televisão, a internet para que novos seguidores se aproximem e renovados Apóstolos se convertam. E nos instruiu que devemos perseverar até o fim com os compromissos assumidos com Ele: *"Sê fiel até à morte, e Eu te darei a coroa da vida"* (Apocalipse do Cristo, 2:10).

Por isso, esse alertamento constante a todos de que "não adianta termos apenas perseverado até ontem"[1]. É preciso concluir a tarefa. Isso resume, aliás, a dinâmica da verdadeira Fé que deve reger a todos.

[1] O nobre Amigo Espiritual faz menção ao seguinte pensamento do Irmão Paiva Netto: *"Não basta ter agido bem ontem. Necessário se faz melhor caminhar hoje e ainda mais gloriosamente amanhã"*.

# Humildade no exercício do trabalho

Nossos Maiores da Espiritualidade sempre referendam o exercício da humildade. Constantemente somos lembrados... Se hoje na Terra é moda falar de e-mails, de mensagens instantâneas... É isso? No Mundo da Verdade, somos recordados diariamente da palavra humildade. Ela faz com que as criaturas se coloquem reverentes em suas posições, mesmo quando poderes e maiores atribuições lhes são inerentes, ainda que possuam habilidades suficientemente capazes de gerar grande comoção em torno de si. Por isso, **todos os dias recebemos**, Bezerra e os demais, **a mensagem de humildade no exercício do trabalho**. Essa expressão deveria estampar a conduta diária de todos os seres humanos de Boa Vontade de nosso planeta.

# A perseverança se fundamenta na humildade

A vaidade e o egoísmo têm destruído governos inteiros pelo mundo. Todos vivem este grande desafio: o exercício da humildade. Contudo, para seres humanos altamente espiritualizados, ela já é muito bem compreendida.

Aos que não sabem perseverar até o fim, uma advertência fraterna: este é um orbe de teste e de provação. Por isso, ninguém deve, em nenhum momento, colocar-se como superior à própria missão. Isso digo a todos.

Humildade! A perseverança está fundamentada nela. O persistente é humilde. Não pensa que o mundo se inicia ou se encerra em sua pessoa. Entretanto, nem todos estão preparados para saber tudo. Essa é a grande verdade. Pois, em vez de usarem os elementos disponíveis para servir de fulcros em suas vidas, os arrogantes acham que a humanidade se despojará aos seus pés como se fossem eles o próprio Deus.

**Não existe um perseverante que não seja humilde.**

# Apenas me dê a missão!

"Dê-me a missão!", apenas isso se precisa dizer. Dedique-se incansavelmente e não pergunte s poderá cumpri-la. Assim fazemos em nossa vid espiritual. Abraçar a missão sem a necessidade d saber se somos ou não capazes. **Temos que faze da possível incapacidade a capacidade plena. É que pautamos todos os dias.**

E temos por nós Jesus, o Divino Senhor, con vidando-nos invariavelmente ao trabalho contí nuo da perseverança no Bem, a buscar no íntimo as forças que poderão derribar fronteiras visíveis e invisíveis aos parcos recursos do olhar humano. **O Provedor Augusto nos tutela na busca de nossas mais impensadas capacidades de servir!**

## A redenção vem com 100% da tarefa cumprida

Jesus manda perseverar até o fim, até o fim, até o fim (Evangelho, segundo Mateus, 24:13). A salvação não vem com 99%. A redenção no sentido abrangente da palavra só acontecerá com 100% da tarefa cumprida.

## Religião Divina, uma carreira para o Espírito, um apostolado

A Religião de Deus, do Cristo e do Espírito Santo *"é um compromisso que não cessa nem com a morte"*, já dizia seu nobre Proclamador, Alziro Zarur (1914-1979). É uma carreira para o Espírito, um aprendizado incessante, acima de tudo, um apostolado! Jamais se esqueçam de que a nossa única ambição deve ser a marcha libertadora pelo conhecimento da Verdade de Deus.

# Livro de Compromissos no Mundo Espiritual

Existe um Livro de Compromissos no Mundo Espiritual. Nosso desejo é que todos honrem o que ali prometeram. **Suas vidas**, para serem banhadas pela felicidade real, **dependerão exclusivamente do bom desempenho da missão ora estabelecida a cada um**.

Evidentemente, todos estamos suscetíveis a erros. Porém, como regra vigente na Pátria da Verdade, cada Irmão desencarnado é avaliado à medida que vence o engano e não mais o comete. Persistir na falta é que é grave. Sejamos os que se sublimam.

## O que significa perseverar

A perseverança é a vontade forte de alcançar o objetivo nobre.

## A boa medida

Somos todos medidos pelo espírito de perseverança no Bem.

# 20

# O Brasil e o Planejamento Divino

*Bem sei que tudo podes, e nenhum dos Teus planos pode ser frustrado.*
(Livro de Jó, 42:2)

# Um Plano Perfeito

O Plano de Deus para o Brasil é amplo, impecável. E, por ser perfeito, não carrega planejamentos em que não haja variantes em seu bojo. Isso desde antes da missão encaminhada pela esquadra de Cabral (1467-1520) ao Brasil, com o desembarque no continente escolhido para que os Guias Espirituais derramassem a semente do Evangelho em solo virgem e consolidassem a longo prazo o Brasil como Coração do Mundo e Pátria do Evangelho. Depois seguiu com as capitanias hereditárias, a vinda dos governadores-gerais, com todo o processo doloroso da transição do Império à República... **Durante todas essas fases, muito teve que se mudar o roteiro inicial estabelecido pelos Poderes Superiores para este país.**

Ainda que haja a grande pergunta, se Jesus continua vendo o Brasil como Coração do Mundo e Pátria do Evangelho, sabemos que o Cristo não perde a Esperança jamais.

# Expansão da ideia do Novo Mandamento de Jesus

No grande desafio dos séculos da preparação do tão esperado Brasil, Coração do Mundo, Pátria do Evangelho, com a atenção do Guia Espiritual deste país, Ismael, e com a pertinácia de seu irmão na Terra, Isaac, **começam a florescer, a frutificar neste orbe os objetivos traçados pela Humanidade Superior** na reluzente e vitoriosa marcha libertária. **É a expansão do sublime ideal do Novo Mandamento de Jesus, o ápice** de todo o sentido de trabalho dos seres humanos da Boa Vontade de Deus, **a marcha da Volta Triunfal de Nosso Senhor Jesus Cristo** ao Seu planeta.

Paradoxalmente, o mundo arma-se e assiste a atos belicosos de governantes insanos, corroborando as forças do mal e levando a sociedade planetária ao desgaste maior. Com isso, a Intervenção Superior descerá à Terra, visando à sua preservação, poupando assim aqueles que deverão continuar na trajetória do progresso espiritual e humano, caminho afora.

Não por acaso, a Revolução Mundial dos Espíritos de Luz, na Quarta Revelação, ocorre com um valor mais alto, cuja essência é a promoção da Paz no interior de cada criatura, nos corações de povos de todas as partes.

# É preciso crer no acompanhamento espiritual

Crer e trabalhar para termos sempre um bom acompanhamento espiritual é por demais importante! **A Religião do Amor Universal é uma revolução permanente a descortinar o Plano Invisível e apresentá-lo aos seres humanos reencarnados.**

Sejamos fortes na Corrente da Boa Vontade Mundial. Dezenas de milhares de médicos, de enfermeiros, de padioleiros, de seguranças amigos, de nossos Irmãos indígenas, caboclos, todos estão trabalhando com a sutileza da vibração pessoal. Vi-

bramos na faixa de nossos Amigos do Espaço do Bem. Então, **estamos prontos para a Vitória Total: Vitória no seio familiar! Vitória no trabalho santificante! Vitória no Apostolado de Vida!**

Olhemos à nossa volta e sintamos as mãos caridosas dos Benfeitores do Espaço, que juntam seus préstimos diariamente sem exigir nada além da Fé e do Trabalho edificantes.

Com a Poderosa Corrente dos Falangeiros da Boa Vontade do Espaço, aqui entre nós, assistindo aos óbices do intercâmbio, mas presentes e atuantes, desde já o respeito e a homenagem a vocês encarnados, Servos e Amigos dos Irmãos Espirituais, que amam e abraçam fraternalmente uns aos outros.

## Um grande ensaio no teatro da vida humana

Tudo é uma preparação, um grande ensaio no teatro da vida humana. E Jesus nos faz participar de tudo isso ativamente. Deveras viveremos sobressaltos terríveis, os quais nosso imenso Brasil terá que ultrapassar. Portanto, somos preparados, treinados pelo Cristo de modo a sobrevivermos!

# Jesus espera de nós muita união

Todos podem colaborar na melhoria da pátria brasileira. O que o Cristo espera é a união, este Ecumenismo que a Religião Divina proporciona, em que todos podem transmitir o que de melhor possuem.

Façamos uma sólida, uma profunda união dentro dos princípios do Novo Mandamento do Mestre: *"amai-vos uns aos outros como Eu vos amei"*.

Que o melhor dos sentimentos da gente brasileira e estrangeira de Boa Vontade possa fluir nos lares! E que, do seu generoso berço, o Amor, o Carinho e a Esperança possam surgir na Pátria do Cruzeiro do Sul. Estamos seguros de que essa transformação, iniciada com o estabelecimento da Religião de Deus, do Cristo e do Espírito Santo na Terra, com a Quarta Revelação, não é um esforço em vão.

Todos os que, dentro de suas forças, juntaram as mãos somando esforços, esses receberão o apoio, a presença dos Irmãos Espirituais.

# 21

# Final dos Tempos

*Naqueles dias, após a Grande Tribulação, o sol escurecerá, a lua não dará o seu resplendor, e as estrelas cairão do céu, e serão abaladas as potestades que estão no firmamento. Então, verão todos o Filho de Deus vir sobre as nuvens, com inigualável poder e grande glória. E logo enviará os Seus Anjos para ajuntar os Seus escolhidos dos quatro ventos, desde a extremidade da Terra até a extremidade do Céu. (...)*

(Evangelho de Jesus, segundo Marcos, 13:24 a 27)

*Certamente ouvireis falar de guerras e rumores de guerras. Vede, não vos assusteis, porque é necessário assim acontecer, mas ainda não é o fim. Porquanto se levantará nação contra nação, reino contra reino, e haverá fomes e terremotos em vários lugares; porém, tudo isto é o princípio das dores.*

(Evangelho do Cristo, consoante Mateus, 24:6 a 8)

## Aprontem-se ou ficarão como baratas tontas

Dor, intensa dor se aproxima da humanidade. E muitas tragédias virão, mas também com grandes possibilidades de o Cristo avançar na cura definitiva desses sofrimentos. Ele aguardará a deixa para entrar com maior atuação. São tempos preparatórios os que vivemos. O que mais recomendamos: **Aprontem-se!** Estejam de prontidão em torno de uma corrente corporificada pelo esclarecimento da Vida Eterna, a Existência Espiritual. A humanidade precisará desse conhecimento. Do contrário, todos se comportarão como baratas tontas sem saber o que fazer naquela hora.

# A Natureza devolve o que recebe

O planeta sofre a turbulência devastadora da ação de seres terrestres irresponsáveis. Por isso, o alerta permanece: o que fizermos à Natureza, ela devolverá. Neste momento da História, salvar a fauna, a flora e ainda a Natureza chamada ser humano é tudo o que há de mais importante no emaranhado de lutas em que vivemos.

### ADENDO

## Os seres humanos criaram a perversão climática

**Academia Jesus, o Cristo Ecumênico, o Divino Estadista** — *A reflexão trazida antes pelo Dr. Bezerra de Menezes suscita a urgente necessidade de governantes e povos atuarem para que haja um freio nesse "carro desgovernado" da ação predatória do ser humano ao planeta Terra. Eis um dos assuntos tratados pelo Espírito Irmão Flexa Dourada, por inter-*

*médio do sensitivo Cristão do Novo Mandamento Chico Periotto, durante Reunião do Centro Espiritual Universalista, o CEU da Religião de Deus, do Cristo e do Espírito Santo. Esse elucidativo encontro entre as Humanidades da Terra e do Céu, dirigido pelo Irmão José de Paiva Netto, Presidente-Pregador da Religião Divina, ocorreu na cidade do Rio de Janeiro/RJ, no dia 8 de dezembro de 2012 (sábado):*

**Flexa Dourada (FD):** Quanto ao aumento das alergias, além de outras graves enfermidades que afetam os seres humanos, sobre as quais falávamos, elas são provocadas por um mundo muito estranho, muito poluído, muito degradado!

***Paiva Netto (PN):*** *Um médico disse que a Terra está se tornando má para os idosos e para as crianças.*

**FD**: Lembrando que **os homens criaram a perversão climática. A Terra sempre foi sadia.**

***PN****: É como disse o Profeta Isaías (capítulo 24 de seu livro no Antigo Testamento):* ***"Os homens em-***

***porcalharam a Terra, por isso as montanhas, os vales ficarão vazios...”***

**FD**: Como não pode haver maior consequência, se isso **tudo foi provocado**?

***PN**: E Isaías completou: “**E poucos homens restarão**”. E profetizou isso há milhares de anos!*

**FD**: Por isso, **a Grande Tribulação** [Evangelho de Jesus, segundo Marcos, 13:14 a 23] **não pode ser encarada como um absurdo**. Se o planeta sofre as consequências provocadas pela tecnologia vigente do progresso humano apenas material, como a Terra pode reagir a isso? Ela sai em sua própria defesa.

**Entendamos a Terra como um grande Ser vivo a quem Deus deu o dom espiritual.** E esse Ser vivo expele, de tempo em tempo, aquilo que está fazendo mal a ele. Ou pensamos que a Terra não tem a sua própria Alma? **Ela tem a sua própria Alma, o seu Espírito.** E esse é feito de uma luz extraordinariamente evoluída do ponto de vista celeste.

Cada vez que infringimos as Leis que regem esse comportamento do **Espírito chamado Terra**, volta-se tudo isso acumuladamente de tempos em tempos contra nós.

O ser humano tira a sua sobrevivência da Terra. Então, **ela é a mãe de toda a humanidade, como Espírito fornecedor de alimento e energia.**

As pessoas estarão prontas para viverem na Terra **quando civilizadamente tratarem bem a Terra.**

Nos mundos evoluídos, sabemos que o primeiro passo para se habitar **é tratar bem do planeta em que se vive**. Isso nas dimensões vibratórias correspondentes, é claro. À medida que se sobe, tudo é correspondente. É como passar de ano na Terra: **ano por ano, degrau por degrau.**

Por isso, quando o Irmão de Paiva fala: ***"a destruição da Natureza é a extinção da raça humana"***, esse pensamento **tem um valor acima do entendimento comum**. É muito maior do que se pensa. Isso porque corresponde também à destruição do Espírito, uma vez que se está afrontando diretamente os postulados da Criação Divina.

# Animais se escondendo dos seres humanos

Os animais estão se escondendo no mundo com medo dos seres humanos. Os homens são os verdadeiros "irracionais".

# Ser humano *versus* Natureza

A Natureza, que Deus construiu e que o ser humano nem sempre consegue preservar, deverá mudar drasticamente nos próximos tempos. As geleiras do Ártico vão derreter-se cada vez mais, levando aos oceanos quantidades maiores de água aquecida. Cidades à beira-mar serão despejadas como vizinhos incômodos da Mãe Natureza.

O Fim dos Tempos está diretamente ligado a essa reação contra a atividade predatória dos habitantes deste orbe. É o ser humano *versus* a Natureza. Ela está se queixando com grande ira de seus usurpadores. Em todas as partes do planeta, ela demonstrará a sua revolta[1]. Estarão as criaturas humanas, pelas próprias obras, se colocando mais perto da destruição.

**Os Tempos de agora serão encurtados pelos retornos inesperados da Natureza.** Reações fortes, pesadas. Os Espíritos que a conduzem em terra, mar e céu não poderão fazer nada[2]. **Será a grande colheita humana.**

---

1 **A Grande Tribulação** — Evangelho de Jesus, segundo Marcos, 13:14 a 23; Mateus, 23:15 a 28; e Lucas, 21:20 a 24.

2 *Vide* "O Sexto Selo", no Apocalipse de Jesus, 6:12 a 17.

# Ingovernabilidade das nações

Não se admirem se o mundo entrar em grande rota de confusão, incluída a ingovernabilidade das nações. A predominância do materialismo levará o ser humano ao caos de dimensões globais. Não estamos longe de uma desastrosa guerra. A humanidade sentirá os efeitos de todas as pestes e pragas que se encontram, embrionárias, em todos os cantos do planeta. Nostradamus (1503-1566), apesar de seus equívocos, ainda possui o álibi de não ter sido covarde em dizer o que pressentia acerca do perigo que pairava sobre a Terra.

## Caos generalizado

Nas escolas de ensino e recuperação do Mundo da Verdade, abrimos o Livro da Sabedoria, o Evangelho de Jesus, e enriquecemos nossa visão dos fatos ocorridos há séculos e milênios e sobre aqueles em que, no calendário humano atual, povos e nações se desdobram em busca de soluções para o caos generalizado, que toma conta de mentes e corações insanos nos governos de todas as partes.

A Terra, cuja essência deveria ser o Amor Universal, colide diariamente com a ganância, com o lucro malsão, com as chamas de um progresso unicamente material, que o nosso Irmão Maior Paiva Netto define como *"o progresso da destruição"*.

# Vem muita treva para os povos

Para **o Missionário do Cristo**, que **antevê as dores da humanidade**, o sofrimento chega antes. Sua Alma começa a sentir o pesado cerco que se fará de Cima para baixo sobre os homens.

Vem muita, mas muita treva para os povos. Nessa hora, **nosso planeta passará pelo escrutínio dos seus Governadores Celestes**, por uma profunda análise quanto ao seu carma individual e coletivo. Nesse tempo, **nossos trabalhos aumentarão, pois os socorros espirituais serão intensos**. Precisamos nos unir àqueles que estão marcados pelo Cristo para nosso destino. É uma guerra em que entramos para vencer.

# No Mundo Espiritual, a guerra já começou

**Sirvam-se de responsabilidades. Não queiram desafios fáceis.** Deixem para chorar quando a dor bater naqueles instantes, mais adiante, porque a humanidade passará por sofrimento jamais observado desde a criação deste planeta, como nos adverte o Profeta Divino, no capítulo 24 de Seu Santo Evangelho, segundo Mateus, versículo 21: *"Nesse tempo haverá Grande Tribulação, como nunca houve, desde a fundação do mundo, e jamais se repetirá"*.

A guerra no Mundo Espiritual já teve início. Os umbrais mais baixos, próximos ao orbe, estão em lutas sangrentas. É isso mesmo. O perispírito também sangra, se sua conduta é odiosa. Mas tudo que vem do maligno não prevalece.

É uma questão de tempo até que a Terra reflita o que ora acontece em regiões terríveis, onde a faixa vibratória é a pior possível.

**Estejam sempre sob as luzes maravilhosas, fulgurantes que a Religião Divina traz à humanidade.**

# Proteção da Bíblia Sagrada

A única barreira capaz de amenizar a hostilidade das ondas energéticas negativas que assolarão os povos será o conhecimento e a proteção espiritual da Bíblia Sagrada, entendida, segundo ressalta a Religião Divina, em Espírito e Verdade, à luz do Novo Mandamento do Cristo.

# Apocalipse, Armagedom e a Volta de Jesus

Bendita é a voz da Religião do Amor Universal! A voz que revela no rádio, na televisão, na internet ou pelos livros, com sua Literatura da Boa Vontade, que já estamos vivendo o Armagedom[3]. Realmente está em pleno curso. Mas não nos esqueçamos de que a previsão da Volta de Jesus igualmente se encontra no Apocalipse: *"Eis que venho sem demora, e comigo está o galardão que tenho para retribuir a cada um segundo as suas obras"* (Livro da Revelação, 22:12).

É retorno concreto. E que alento para o ser humano de Boa Vontade! Que alento!

[3] **Armagedom** — Apocalipse, 16:16: *"E os ajuntou num lugar que em hebraico se chama Armagedom"*.

# Hora do expurgo na Terra

A Terra prepara-se para um expurgo. E dos grandes. Uma cirurgia de cima a baixo, como se um bisturi abrisse a cabeça, o tórax, o abdome, as pernas e os pés de uma só vez, paralisando, por alguns instantes, todos os sintomas vivos e reconstituindo, a partir de então, numa fase de convalescença, os novos rumos em que este organismo passará a atuar.

Há muita distração na Terra! Afinal, em todos os tempos, quando os ciclos se fechavam e as catástrofes acometiam populações inteiras, o que os homens faziam? Distraíam-se das Coisas de Deus.

O enfurecimento dos espíritos malignos aumentou. Satanás sabe que seus dias estão contados[4]. E está soltando as hostes do mal sobre governantes, os que possuem poder em todos os pontos da Terra. Mas, no contrapeso desses acontecimentos, Jesus intervém com Sua Falange Bendita, com Seu Conselho Superior, formado pelo Espírito Santo, para que aqueles com merecimento, que fizeram sua parte, sejam resguardados dos projéteis do mal e arrebatados às Hostes do Cristo.

[4] **Dias contados** — *"(...) satanás está desesperado, por saber que lhe resta pouco tempo"* (Apocalipse, 12:12).

# Governantes espiritualizados são indispensáveis

O Cristo não destruirá o planeta que Lhe foi entregue por vontade de Deus. Não é Jesus o destruidor, mas o ser humano, insensato e cruel. O Divino Mestre preservará o que foi concedido pelas Mãos de Seu Pai Maior, o Supremo Deus. Mas uma vibração tensa e hostil selará estadistas e populações por todas as partes do planeta. Quem não estiver integrado na missão de **evangelizar e apocaliptizar os povos, tendo a Prece como essência de vida e a realização do Bem como força de perseverança,** não conseguirá resistir. Pobre do Brasil, que precisa entender seu papel no mundo! Governantes e seus povos espiritualizados e evangelizados são imprescindíveis à proteção de qualquer pátria.

# Mudança geográfica do planeta

A busca interior será necessidade básica nesses tempos de intensa movimentação bélica. Degradantes fenômenos vindos de artefatos nucleares estonteantes mudarão a Geografia da Terra, transbordando oceanos, aquecendo ainda mais a atmosfera em chamas. E governos estarão impedidos de solucionar problemas causados pelos próprios dirigentes. Não é uma ficção da Ciência. É o que realmente a humanidade terá pela frente.

# O Império de Deus

De tempos em tempos, Jesus, sempre respeitando o livre-arbítrio das criaturas, pedagogicamente não impede que ocorram mudanças de poder provocadas por destruição. Desce um império, sobe outro... e os homens não aprendem. Ora, o único Império realmente capaz de ajudar o ser humano, dando-lhe condições de progredir com acerto, e cuja força congrega todos os Profetas e crenças, pois almejam o mesmo objetivo, é o Império de Deus.

# Imunizar o Espírito

Vivemos em uma época de angústias, de incertezas e tenebrosas assolações que permeiam planícies, cidades, montanhas e oceanos, destruindo os bens constituídos pela Suprema Força do Criador.

A Terra encontra-se em desequilíbrio e os efeitos imediatos alertam homens e mulheres de todos os matizes em busca de uma colaboração acima das forças humanas, capaz de amenizar os resultados devastadores do inconsequente ser humano.

**O poder da Prece, consolidada no trabalho regenerador**, fortifica o plano do perispírito. **Aumenta a imunização do Espírito diante de todos**

**os acontecimentos catastróficos** que a humanidade ainda terá que suportar.

Não alertamos sobre uma guerra, concomitantemente suas consequências, apenas como figura de retórica aos Soldados do Cristo de Deus. Falamos da infeliz colheita que a semeadura do mercantilismo e do materialismo ateu intensificou ao longo de milênios no planeta Terra. Por isso, nossos Anjos Guardiães e Guias Maiores vivificam permanentemente os postulantes da proteção do Divino Mestre com luzes de esclarecimento, elucidação plena e intuição aguçada.

**Jesus, nosso Mestre e Supremo Pai, acompanha minuciosamente os passos dos dedicados trabalhadores de Sua Seara. E envia-lhes o combustível inacabável da perseverança em Sua Palavra.**

# Consequências históricas complexas

Poucos estão prestando atenção. Mas, se pegarmos o Apocalipse do Cristo e analisarmos — firmados na pregação da Religião Divina — o capítulo e o versículo que focalizam o Armagedom (Apocalipse, 16:16), veremos que, pouco antes do terrível acontecimento, os reis do Oriente adentram o Rio Eufrates (Apocalipse, 16:12). Não se trata de simples coincidência os fatos recentes ocorridos naquela região mesopotâmica. *[Esta mensagem é de 8 de março de 2003.]* As consequências são históricas, complexas. Desenvolvem-nas as mesmas personalidades de outrora, pelo processo redentor da reencarnação[5].

[5] **Reencarnação** — Saiba mais sobre o tema no primeiro volume das *Sagradas Diretrizes Espirituais da Religião de Deus, do Cristo e do Espírito Santo* (1987), de Paiva Netto, no capítulo "Quanto à sua fonte inspiradora: Jesus, o Cristo de Deus", no subtítulo "Paulo Apóstolo e Reencarnação", ou ainda na obra do mesmo autor: *Os mortos não morrem* (2018).

O Rio Eufrates já secou[6], como anuncia o Apocalipse. Os reis do Oriente — enfrentando o poderio bélico do capitalismo desenfreado *[ou sustentados por ele]* — avançarão numa sanguinária e abominável batalha, que resultará na Guerra Total.

**Os governantes mais lúcidos do planeta tentam bloquear o acontecimento**, porque sabem que, em seguida, virão problemas maiores. Em um primeiro instante, uma ampla devastação. Mortandade jamais vista no mundo. Depois, grandes blocos nunca imaginados começarão a desenhar uma nova situação geopolítica na humanidade.

Nosso Irmão Maior já deixou o alertamento: *"O rastilho está aceso"*.

[6] **O Rio Eufrates já secou** — Leia "Fins do mundo", Capítulos I, II e III do livro *Apocalipse sem Medo* (2000). Essa obra integra a série "O Apocalipse de Jesus para os Simples de Coração", de autoria do escritor Paiva Netto. Composta por *Somos todos Profetas* (1991), *As Profecias sem Mistério* (1998), *Jesus, o Profeta Divino* (2011) e *Jesus, a Dor e a origem de Sua Autoridade — O Poder do Cristo em nós* (2014), a coleção ultrapassou a expressiva marca de 3,5 milhões de exemplares vendidos.

# Só a intervenção de Deus pode nos salvar

Não se esqueçam de que a questão nuclear é um grito da antecipação dos fatos tenebrosos que as criaturas não conseguirão evitar por muito tempo. O mundo será sacudido e parecerá uma pequena bola de gude agitando-se pelo Espaço Sideral. Somente a intervenção de Deus, por intermédio de Forças Multidimensionais capazes de amenizar a drástica e impiedosa ação humana na Terra, esfriará os resultados catastróficos.

**O orbe não será destruído, porque antes disso Jesus intervirá neste planeta.**

# A humanidade pagará pelo Gólgota

Aquele que progredir, amadurecendo no esplendor do Evangelho-Apocalipse do Cristo, será imunizado contra as tormentas que arrebentarão Espíritos e nações em devastação transcendental.

A humanidade ainda terá de muito pagar pelo Gólgota, ou seja, por meio da grande dor que virá. Mas **aqueles que creem na Ciência Evangélica e na fundamentação do Cristo Estadista terão Paz** em seus Espíritos, bem como **forças que renovarão a existência dentro da Vida e além da Vida**.

# Solidariedade será a prioridade máxima

**A humanidade entrará por um caminho sem volta.** Venho falando do problema da guerra nuclear como fato consumado, porque não há como evitá-la. Os homens se armaram, prepararam as bombas que estão posicionadas nas mentes de governantes. Infelizmente, o que teremos que fazer é a repatriação dos sobreviventes, é o trabalho de minimização dos efeitos da eclosão nuclear. **Somente quem conseguir confortar e suprir os desesperos alheios saberá governar naquela hora.**

Aliás, **não haverá governo, apenas desgovernos daí em diante**. É o fim? Do ponto de vista desse

tipo de gerência da Terra, será realmente um término. Contudo, não será o fim do mundo. Mudaremos o posicionamento da existência. **A palavra Solidariedade surgirá como a necessidade zero, a carência 1, 2, 3, 10, 50, 1.000, 500.000.** Não haverá outra forma de colaborar para a construção do mundo, ou melhor, a reconstrução.

Vivemos sobre um grande fio que pode arrebentar a qualquer momento. A tecnologia desalmada e o mercantilismo superaram as convicções humanitárias e morais que os homens tanto apregoaram por séculos e milênios. E para quê? Para promover conturbação e ambições desenfreadas que geraram incontidas e agressivas ações contra a Natureza e contra sua expressão maior, o ser humano.

# Armagedom é pouco diante da Grande Tribulação

Este é um tempo que será saudado por intenso suplício tomando conta de todos os lados. Tanto já falamos em Armagedom, em Grande Tribulação. Pois bem, o Armagedom é apenas uma cadeiazinha, se comparado à Grande Tribulação. Nem João Evangelista, ao receber o Apocalipse, ao descrevê-lo, suportou o que viu. Naquele momento, foram imensas as suas dores. Pois saibam que, dentro do capítulo 16, do Livro das Profecias Finais, deveriam existir mais 10 versículos. Mas o Apóstolo não aguentou a Revelação. Teve de suportar, chorando, sofrendo. Mas virá também, com a Graça de Deus, a interferência maior de Jesus.

# Os seres humanos atemorizam os Céus

Temos, no horizonte próximo, perspectivas de seres humanos melhores?! Por enquanto, não. Ainda vai muito longe. Pobre Brasil! Pobre humanidade!

Atrocidades de todas as formas virão. E os Céus ainda não se "vingaram" dos homens. A Lei de Causa e Efeito não trouxe o resultado das barbáries praticadas pela humanidade. *"Quem poderá sobreviver?"* é a pergunta do Apocalipse, 6:17. Por isso, **a Prece e a Segurança Espiritual serão as únicas forças capazes de tranquilizar as Almas** durante os mais horrendos momentos da História humana.

Nada está no lugar. Nada! O que é material será tão supérfluo, inútil diante dos acontecimentos catastróficos, que muitos gostariam de sair correndo, sem destino, para bem longe. As grandes cidades serão acometidas por frenéticas histerias.

**Não são os Espíritos que assustam os homens. São os homens que atemorizam os Céus com suas belicosas armas impostas por domínios cruéis e insensatez constante.** A vontade de controlar, de dominar povos inteiros, levará homens e mulheres do mundo todo ao suplício maior.

# Boa Vontade entre a Terra e o Céu

*Bem-aventurados aqueles que leem e aqueles que ouvem as palavras da profecia deste Livro e guardam as coisas nele escritas, pois o Tempo está próximo.*
(Apocalipse de Jesus, 1:3)

Os Tempos realmente chegaram! Oremos pela humanidade. **Os homens criam obstáculos entre a Terra e o Céu, quando deveria existir a Boa Vontade entre esses mundos.** Mas, com trabalhos como o da Religião de Deus, do Cristo e do Espírito Santo, isso será uma realidade.

# Uma era nova está chegando

Venho anunciar hoje, dia 23 de fevereiro de 2003, domingo, que uma era nova está chegando. Ela começará com as dores sobre a humanidade. A purificação estabelecerá todo tipo de mudança. Preparem-se para uma assombrosa transformação geopolítica em campos diversos do planeta.

# Nostradamus e explorações de marketing

Sobre as duas profecias de Nostradamus, para agosto e outubro de 1999 *[esta mensagem é de 12 de junho de 1999]*, podemos dizer que, em verdade, existem duas grandes explorações de marketing humano. Teremos pioras sucessivas por parte das águas revoltas descongeladas nos polos. Mas essas datas mencionadas serão dias absolutamente iguais aos outros. O que teremos em maior escala nos próximos dias e anos são mudanças radicais climáticas e comportamentais.

A guerra virá em proporções desastrosas e trágicas. O sistema habitacional da Terra — nos reinos do homem, do minério e do vegetal — será atingi-

do bruscamente. Fatos dessa natureza já estão ocorrendo no planeta.

A preocupação maior dos Espíritos é quanto à subida de patamar do entendimento, ou seja, fazer com que o ser humano deixe de ser materialista, tecnologista tão somente, para conseguir com equilíbrio chegar à Espiritualidade. A Religião do Terceiro Milênio ensina que ***"tudo é espiritual"***. Eis o imenso campo de trabalho de todos nós, o de conhecer **as consequências espirituais de nossas atitudes**. Precisamos demonstrar que a origem de tudo, seja bom ou ruim — da fome, da miséria, da violência, fonte de todos os malefícios que a humanidade tanto contempla —, encontra-se no Espírito, no interior da criatura, onde igualmente se originam todas as soluções.

# Vitorioso é o exército mais qualificado

Minhas Amigas e minhas Irmãs perseverantes, meus Amigos e meus Irmãos perseverantes, colaboradores das Sagradas Instituições da Boa Vontade, o Armagedom constante no capítulo 16, versículo também 16, do Apocalipse de Jesus não é brincadeira ou falácia. Nem se trata de um conto de terror. Mas, infelizmente, é a consequência da ação deturpada dos invigilantes governos de vários tempos, alojados no belicoso caminho da ambição da supremacia pela força material mercantilista e impiedosa.

A humanidade anda totalmente desprotegida com inseguros líderes de nações poderosas, do ponto de vista da guerra.

A Religião Divina surge, aliás, ressurge do Cristo para conclamar as consciências à sabedoria, à força da Paz nos corações dos que desejam o mundo modificado e restabelecido pela Justiça, não somente a do campo social, mas igualmente a da ordem, do equilíbrio e dos sentimentos espirituais.

Diariamente, grupos de Espíritos de todos os pontos do orbe aplicam fluidos nas mentes dos que, reencarnados, dirigem coletividades. Tentam melhorar suas condições vibratórias, a fim de que o carma seja diminuído e as forças da Justiça e do Amor se perpetuem em suas Almas.

E a Corrente da Boa Vontade, que realizamos no Centro Espiritual Universalista (CEU da Religião do Terceiro Milênio), reflete esse anseio dos Espíritos do Bem na sólida construção de estradas menos hostis e mais seguras. Busca-se a trilha do equilíbrio e a preservação de homens, povos e nações diante do prenúncio do caos, que infelizmente assola invariavelmente os sentimentos humanos.

**Pensem na força multiplicadora que representa a Corrente da Boa Vontade. Não são os exércitos de maior número os vencedores, contudo os mais qualificados, firmes nas ordens de nosso Senhor e Mestre Jesus.**

## Jesus domina o caos com o Supremo Bem

As Falanges do Bem, que sofrem invariavelmente com os fatos dantescos, tenebrosos e sufocantes de guerras estonteantes do planeta, se animam com a certeza de que os feitos extraordinários do Cristo são eternamente relevantes no contexto do progresso espiritual das massas. **Quando tudo parece o caos, Jesus surpreende a todos com o aroma renovador do Bem!**

## Convocação do Cristo

Existe uma convocação do Cristo, feita pelo Plano Superior, que paira sobre os homens e as mulheres de Boa Vontade. Nela, Jesus está chamando Seus seguidores, o Rebanho Ecumênico Dele, para a transformação apocalíptica que se dará no Fim dos Tempos.

# O mundo caminha para a Espiritualização

O mundo caminha para a Espiritualização de seus povos, mesmo que abertamente não seja anunciada. É óbvio que a evolução da humanidade haverá de passar por duras penas, por sofrimentos inevitáveis. Apesar disso, não poderemos deixar de clamar as Profecias anunciadas há tanto tempo e que tão próximas estão de se cumprir...

Aos olhos da Terra, o surgimento de doenças infectocontagiosas geralmente é, na verdade, uma resposta aos seres humanos transgressores dos próprios limites. Temos fronteiras a respeitar. Aos homens e às mulheres encarnados, os horizontes sexuais sem limites corromperam a relação pura do sexo criado por Deus. E o retorno disso aí está campeando pelo planeta, com o aumento trágico das doenças sexualmente transmissíveis. Suas consequências serão terríveis e de devastadoras proporções.

# Jesus e a transformação planetária

Com a transformação planetária, os Espíritos e suas moradas sofrerão igualmente abruptas modificações em seu estado vibratório, tal como podemos perceber em “A Divina Comédia”, de Dante Alighieri (1265-1321). Em seu poema épico, ele descrevia o inferno, o purgatório e o dito paraíso.

Com isso, quero dizer que teremos, na Volta do Cristo, uma mudança radical para melhor, que também afetará os Espíritos, dentro da vibração cíclica de renovação, em que o planeta de punição será alçado a Orbe de Regeneração. Aparente paradoxo para muitos.

Essa visão encontra paralelo na belíssima letra de *JESUS!*, de autoria do Irmão Maior Paiva Netto. Ela expressa a nítida ideia que impele o Parlamento Mundial da Fraternidade Ecumênica, o ParlaMundi da LBV, em Brasília/DF, ao porvir e ao progresso pleno. Firma-se em campo fértil, seguro, na realidade única, em terra sólida.

Os poderosos do planeta sumirão e com eles o suposto poder que imaginam possuir. Os cemitérios estão cheios deles, de fato, como se aprende na Religião Divina. E a Verdade, fincada na luta pelas bases do Cristianismo do Cristo, resplandecerá visivelmente. Nosso ânimo reside na certeza de que nosso Irmão Maior sabe de tudo isso e abriga em seu coração, como Maria guardava, todas essas coisas elevadas (Evangelho do Cristo, segundo Lucas, 2:51).

## JESUS![7]

*Paiva Netto*

*Na Terra, o Cristo é o Senhor!*
*Estará comigo aonde eu for.*
*Desço ao mar, subo aos Céus,*

[7] ***JESUS!*** — Em 26 de novembro de 1994, durante viagem do Porto a Lisboa, em Portugal, sob forte inspiração dos Amigos Espirituais, Paiva Netto elevou ao coração do Divino Mestre essa prece, que também é uma das mais belas composições interpretadas pelo Coral Ecumênico Boa Vontade. Baixe o aplicativo Boa Vontade Play em seu dispositivo móvel e ouça a música: www.BoaVontade.com/play

*Venço o ódio e os labéus.*
*Canto à Luz,*
*Grito forte: Jesus!*

*Céus e Terra sempre existirão.*
*E a Verdade e o Amor governarão.*
*E Deus ditará nosso destino, então,*
*Com a Fraternidade e a Glória*
*Do Seu Coração.*

*Baixe o leitor QR Code, fotografe o código e assista ao clipe da música.*

# 22

# A Volta de Jesus

*Eis que Jesus vem com as nuvens, e todos os olhos O contemplarão, até mesmo aqueles que O traspassaram. E todas as nações da Terra se lamentarão sobre Ele. Certamente. Amém!*
(Apocalipse, 1:7)

# O Mestre vem!

Meus Irmãos, sintam em seus corações que o Mestre vem! Essa Profecia vai cumprir-se! Não depende de homem, de mulher e nem de qualquer poder humano para que a Luz do Cristo clareie a imensa treva, que ainda é o orbe terrestre. Vivam realmente o Novo Mandamento do Cristo — *"amai-vos como Eu vos amei"* (João, 13:34) —, trabalhando e persistindo na prática fiel da Boa Vontade Mundial.

Quando os grandes padecimentos assolarem o planeta e a guerra atômica estourar, vocês verão, lamentavelmente, a formação de um palco triste, onde povos — materializados na incompreensão, na falta da Solidariedade, exclusivamente firmados no poder temporário — ficarão desesperados. É desse modo que se encontrarão, porque não quiseram buscar o Reino de Deus e Sua Justiça, portanto, estarão sem obras que os confortem e tragam segurança e paz de espírito ao coração.

# O Retorno do Cristo não é fantasia

Estamos no início da Volta Triunfal do Mestre. Quando menos esperar, a humanidade será surpreendida pela presença do Cristo. Para muitos pode ser uma tolice, uma fantasia, mas não para nós, que temos consciência de que **Jesus jamais mentiu e podemos observar, no Plano Espiritual mais elevado, o clarão que já anuncia Sua aproximação da Terra**.

Por Sua Grandeza, por Sua Majestade, o Cristo voltará como Único, como Aquele que Era e que É, Aquele de que ninguém poderá falar um til sequer, porque cresceu em linha reta[1], como descreveu o Irmão Alziro Zarur, o iluminado Proclamador da Religião Divina.

**Sintamos no coração que o Mestre confia em nós e quer nos acelerar os passos.**

---

[1] ***"Jesus progrediu em linha reta"*** — Sobre essa afirmativa de Zarur, leia o subtítulo "O Poder Extraordinário de Jesus", no segundo volume das *Sagradas Diretrizes Espirituais da Religião de Deus, do Cristo e do Espírito Santo* (1990), e a página "Deus não tem privilegiados", no terceiro volume (1991) da referida coleção, da lavra de Paiva Netto.

## O Cristo está às portas

Quando vocês ouvirem "Jesus está chegando!", "Jesus está chegando!", se atentem, pois realmente o Cristo está às portas!

## Sejamos do Cristo

Os que são de Jesus, os que lutam pela elevação espiritual da humanidade e sentem que a Volta Dele está mais próxima do que se imagina, todos esses recebem uma força de Exército multiplicando-se para toda a Eternidade.

# Sinais da Volta de Jesus

No altar da Igreja Ecumênica da Religião Divina, sobrevêm diante de nós, meros instrumentos do Altíssimo, poderosos sinais da Volta de nosso Senhor.

Cumpre-nos ressaltar o poderio sublime do Redentor dos Povos, acolhendo em Seu Manto Celeste a lágrima, o sofrimento e o desespero humanos.

Na morada do Céu, Arcanjos clamam em imperial brado a viva presença de nosso Deus ao Organismo da Humanidade chamado planeta Terra.

**A vida é uma passagem de estágio, sem tempo para reclamação.** Saibamos viver com o sentimento de Amor Universal da Religião, do espírito de Religiosidade, emanando as vibrações da Fé Realizante, Bálsamo Sublime que ilumina os corpos materiais e espirituais.

A Religião de Deus, do Cristo e do Espírito Santo, a Religião do Terceiro Milênio, haverá de cumprir com rigor seu desiderato. A ação dos Cristãos do Novo Mandamento de Jesus da Terra, inscritos ou não inscritos, mas sempre com Boa Vontade, faz chegar aos Irmãos do Espaço Celestial a vibração da Coragem, da Verdade e da Fidelidade, acima de todas as coisas.

Nossa grande função é semear, é levar adiante o conhecimento das Coisas Espirituais, à luz da Vida Eterna. Não temos de nos preocupar com nosso futuro, se ele estiver entregue nas Mãos do Deus Superior, Pai de todos os Cristos Planetários. **Pensemos no presente, no comportamento moral e espiritual que o Cristo espera de nós, trabalhando com a honestidade de nossos passos e com o suor de nosso rosto, até a Volta de Jesus!**

# Tratado do Espírito

Referendamos os fiéis cumpridores das ordens do Mestre Amado, resumidas no Seu Novo Mandamento: *"amai-vos uns aos outros assim como Eu vos amei"* (Evangelho do Cristo, segundo João, 13:34).

A incessante pregação espiritual levada ao ar pela Mídia Legionária, por intermédio dos Baluartes do Novo Mandamento, Irmãos Operários Alziro Zarur (1914-1979) e Paiva Netto, transcende o alcance de todos, pois o verdadeiro Tratado do Espírito é, acima de tudo, o esclarecimento preventivo, real e universal.

Sinto, falando em nome dos Irmãos Espirituais aqui presentes e dos que estão trabalhando nas Igrejas Ecumênicas da Religião Divina no Brasil e no mundo, uma realização maior a caminho. Em vista disso, não temos estado em nenhum momento satisfeitos, pois almejamos contínuo e ascendente sucesso aos trabalhos de todos. Ao mesmo tempo, estamos felizes por pertencer ao Grande Quadro Ecumênico de todos os tempos: a Religião de Deus, do Cristo e do Espírito Santo.

Recebam nosso apoio e nossa dedicação despretensiosa, buscando apenas a evolução íntima.

## Jesus Está Chegando!

Jesus, Jesus, Jesus, Jesus, Jesus, Jesus, Jesus está chegando, para ficar em Seu planeta.

Atentos estamos orando e vigiando para todo o sempre. Amém!

# Vamos orar!

**Academia Jesus, o Cristo Ecumênico, o Divino Estadista** — *No diálogo da Prece, endereçamos nossos mais elevados sentimentos ao Pai Celestial na certeza de que o Amparo Divino nunca deixará de erguer nossos Espíritos súplices ao aconchego de Sua Sublime Morada. Conforme afirma o ínclito Dr. Bezerra de Menezes,* "não deixaremos, jamais, qualquer pedido sem resposta. Tudo e todos serão eternamente amparados mesmo quando das dificuldades que assolam seus destinos e balançam suas vidas, muitas vezes ocasionando a tristeza na Alma, a dor no coração".

*Ao encerrar o primeiro volume dessa obra, que tanta luz oferece aos recônditos de nossos corações, transcrevemos duas belíssimas orações proferidas pelo Médico dos Pobres, diretamente da Igreja Ecumênica da Religião do Amor Universal, em São Paulo/SP. A primeira, datada de 4 de agosto de 2001 (sábado), e a segunda chegou até nós no dia 9 de junho do mesmo ano, também num sábado.*

***Vamos falar com Deus!***

# Poderosa Corrente da Boa Vontade do Espaço

## Deus Está Presente!

Divino Mestre Jesus, nosso maior gáudio é poder servir à Cristandade.

Legiões de colaboradores, Equipes do Espaço, encontram-se sob a inspiração, a proteção de Maria Santíssima, em tarde de Luz, nos Territórios Sagrados das Igrejas Ecumênicas da Religião do Amor Universal. Todos ligados às vibrações ímpares do Templo da Boa Vontade, em Brasília/DF, Brasil.

Manifestar fluidos, materializando-os aos olhos, às percepções dos sentidos, é nada mais nada menos do que praticar a Fé Realizante, estágio que nosso Irmão Maior Paiva Netto, por Inspiração Superior, trouxe à humanidade.

Vivemos tempos de Fé. Vivemos tempos de elevação ao Divino Criador. Vivemos tempos de oração e vigilância, consoante o Evangelho do Cristo (Marcos, 14:38; e Mateus, 26:41).

Jesus, nosso Redentor Eterno, cubra de bênçãos os filhos que clamam, suplicam o Seu Amor e, como prova, testemunham na matéria a Sua Religião de Deus, do Cristo e do Espírito Santo.

São milhões de doentes do vaso físico e do organismo espiritual que apelam e, acima de tudo, doam seus sentimentos de Amor Fraterno, de Boa Vontade.

Os feitos realizados nas Igrejas Ecumênicas da Religião do Terceiro Milênio do Brasil e do mundo significam que a Revolução Mundial dos Espíritos de Luz está mais viva do que nunca. Que a poderosa, a imensa Corrente da Boa Vontade do Espaço acompanhe e ampare aqueles que desejam renovar o coração, o pensamento, o seu destino!

Muito ainda temos de realizar com tantos abnegados colaboradores, e para isso, Divino Mestre, ajoelhados, conclamamos a Sua Eterna Proteção.

Que Suas Equipes, que tão bem revolucionam as Almas dos encarnados e desencarnados, sintam o Seu Eterno Amor.

Nossa gratidão, Pai, na certeza de que multiplicaremos os esforços e de que mais e mais Cristãos do Novo Mandamento adentrarão o Território Sagrado das Igrejas Ecumênicas da Religião Divina.

Nossa Mãe, Maria Santíssima, receba o Amor e as palmas do Povo Espiritual e do povo material. Mãe Adorada, envolva, em seu Abençoado Manto, os baluartes da Revolução Mundial dos Espíritos de Luz, na Quarta Revelação!

**Viva Jesus, Céu e Terra a serviço de Deus!**

# Oração a Maria Santíssima

## Deus Está Presente!

Maria Santíssima, Mãe de Jesus, elevamos ao seu generoso coração o apelo dos que sofrem, dos que precisam de suas energias.

A Senhora e sua Equipe podem dar mais condições de saúde e Paz àqueles que formam a poderosa Corrente da Boa Vontade de Deus.

Enorme caravana aproxima-se, descendo dos mais belos continentes espirituais, para ajudar, efetivamente, todos os que estão, neste momento, ligados à Corrente Ecumênica da Religião do Amor Universal. Trazem aromas celestes, luz, elucidação dos Assuntos Espirituais e, acima de tudo, a renovação do compromisso de realizar uma grande comunhão universal.

Mãe de Jesus, elevamos os apelos dos que estão angustiados, desesperados, com remorsos, os pedidos daqueles que querem libertar-se.

Levantamos os braços ao Altíssimo, implorando, Mãe, que cuide de nossas chagas e compreenda nossas súplicas. Estamos nos apresentando como soldados. Ao mesmo tempo em que pedimos, oferecemos aquilo que de melhor possuímos em nossa Alma. Doamos a Fé para que os grupos do Espaço possam transformá-la em eficaz remédio, em lenitivo, para a cura dos males físicos e espirituais dos que sofrem.

Nossa Alma eleva-se, sentindo o seu perfume, a sua presença e o seu Amor por todos nós.

Mãe adorada, quando entendemos o significado do Amor, compreendemos a vida. Seu Amor cultiva a nossa existência, transportando-nos às dimensões maiores do Plano Superior.

Recebe, querida Mãe de todos nós, o Amor dos Cristãos do Novo Mandamento de seu Filho, Jesus. Que a Corrente Poderosa da Boa Vontade, com os seus Falangeiros fiéis, permita ressurgir nas Almas focos de luz a espargir muito Amor sobre todos aqueles que estejam dispostos e predispostos à renovação espiritual e material.

Maria Santíssima, seu poder é reconhecido, admirado e louvado por nós. Sentimos o imenso carinho do seu Manto Protetor, que faz com que os Irmãos Espirituais se emocionem e se fortaleçam na missão entre os dois mundos. Pedimos a seu Filho, nosso Mestre, que abençoe, hoje e sempre, esta Falange Bendita que age por todos nós.

Receba o fraternal abraço dos Irmãos do Espaço e da Terra.

**Salve, a querida Mãe de nosso Salvador, Mãe Universal da Humanidade, Maria Santíssima!**

**Viva Jesus!**

*Bezerra de Menezes*

# Índice de matérias